KB134257

행복한
멘토링 길라잡이

세상의 모든 멘토와 멘티를 위한
행복한 멘토링 길라잡이

초판 1쇄 인쇄일 2021년 3월 30일
초판 1쇄 발행일 2021년 4월　1일

지은이 김재영
펴낸이 양옥매
디자인 임흥순 임진형
교　정 조준경

펴낸곳 도서출판 책과나무
출판등록 제2012-000376
주소 서울특별시 마포구 방울내로 79 이노빌딩 302호
대표전화 02.372.1537　**팩스** 02.372.1538
이메일 booknamu2007@naver.com
홈페이지 www.booknamu.com
ISBN 979-11-5776-693-2 (03320)

세상의 모든 멘토와 멘티를 위한

행복한 멘토링
길라잡이

김재영 지음

책과나무

생활 속에서 존경받는 리더로 이끌어 주는 책

사회 초년생 시절 자신의 경험과 지식을 전해 주는 선배가 없어 시행착오를 많이 경험했고, 조직 내 리더가 된 지금은 후배들의 고민에 공감하고 생각을 나누고 도움을 주는 멘토가 되는 것이 쉽지 않음을 느낀다. 이 책은 멘토가 되기 위해 갖추어야 할 생각과 자세, 스킬을 제시해 주어 직장·가정·사회생활 속에서 진정으로 존경받는 멘토로 우리를 이끌어 줄 것이라 확신한다.

_포스코인재창조원 상무보 **정태진**

미래의 멘토들에게 항로를 알려 주는 조타수

'인생은 세상의 경험을 통해 받는 보수'라고 합니다. 우리는 인생이라는 기나긴 여정 속에서 많은 사람과 연을 맺고, 다양한 정보들과 만나며 경험이란 이름으로 삶을 이해하게 됩니다. 그 많은 인연 중에 우리에게 '멘토'라고 불리는 사람은 누굴까요? 우리는 그분을 왜 멘토라고 부를까요? 김재영 교수가 쓴『행복한 멘토링 길라잡이』는 멘토를 꿈꾸며 멘토가 되고자 준비하는 미래의 멘토들에게 항로를 알려 주는 '멘토링의 조타수'입니다. 멘토링에 관한 지식을 넘어 가슴으로 남기에 소개를 넘어 추천으로 함께합니다.

_순천제일대학교 교수/공학 박사 **변황우**

직접 멘토를 만나기 힘든 현대인들을 위한 마음의 상비약

사람은 어쩔 수 없이 시행착오를 통해 배울 수밖에 없는 자기 한계를 가지고 있는 존재다. 그렇다고 시행착오를 줄일 수 있는 방법이 전혀 없는 것은 아니다. 바로 제대로 된 멘토를 만나면 된다. 멘토는 호메로스의 작품『오디세이』에 나오는 오디세우스의 충실한 조언자의 이름에서 유래한다. 한마디로 현명하고 신뢰할 수 있는 상담가를 말하는데, 그런 멘토를 만나게 되면 그만큼 시행착오를 줄일 수 있다. 김재영 교수가 쓴『행복한 멘토링 길라잡이』가 바로 그렇다. 이 책의 내용을 받아 본 순간 남녀노소 가리지 않고 누구에게나 꼭 필요한 책이라는 생각이 들었다. 특히 직접 멘토를 만나기 힘든 바쁜 현대인들이 반드시 구비하고 있어야 할 마음의 상비약 같은 책이라 확신하며 이 책을 권한다.

_광양경제신문 편집국장 **홍봉기**

삶을 희망에서 행복으로 바꿔 주는 책

세상에 태어나 누구나 한 번쯤은 갈 길을 잃고 방황할 때가 있었을 것이며, 자신을 공감해 주고 지혜를 구할 수 있는 스승님을 뵙길 간절히 원했을 것이다. 모든 사람들은 희망을 쏘고 행복의 과녁에 도달하길 바란다.『행복한 멘토링 길라잡이』는 우리의 삶을 희망에서 행복으로 바꿀 수 있는 훌륭하신 스승님을 만날 수 있게 한다.

_(주)화인 대표이사 **박권선**

열정 바쳐 일하는 직장인들의 필독서

이 책은 4차 산업혁명 시대와 포스트코로나 시대에 매우 중요한 개념인 멘토링에 대한 통찰력을 주고 있다. 우리는 누군가의 멘티이기도 하지만 멘토이기도 하다. 저자가 이야기하는 '멘티가 희망하는 멘토'와 '멘토링에 대한 삶의 지혜'는 멘토 역할을 해야 하는 리더들에게 교과서가 될 것이다. 아울러 성공을 원하는 모든 사람들에게 북극성같이 인생의 방향을 잡아 주는 역할을 하는 귀한 책이다. 특히 열정을 바쳐 일하는 직장인들에게 필독을 권한다.

_김종수성공아카데미 대표 **김종수**

지식보다는 사랑으로, 진정한 멘토 같은 책

그동안 인류는 살아가면서 얻은 경험과 지식, 그리고 삶의 연륜으로 다음 세대에 가르침을 줄 수 있었습니다. 그래서 '먼저 태어남', '앞선 인생'이라는 의미의 한자어 선생(先生)은 '가르치는 사람'을 뜻합니다. 그러나 오늘날 우리가 맞이하고 있는 삶은 그동안 인류가 겪어 보지 못한 미지의 세계입니다. 과거의 경험이나 지식만으로 헤쳐 나갈 수 없는 혼돈의 시대입니다. 급변하는 인공지능 시대와 지구 환경 파괴로 인해 닥쳐오는 온갖 재난과 질병 속에 내일이 보이지 않습니다. 그러기에 길을 잃고 방황하며 고통받는 이들에게 지식을 가르쳐 주는 선생이 아니라 따스한 사랑의 마음으로 현실에 처한 아픔과 방황하는 마음을 어루만져 줄 멘토가 필요합니다. 『행복한 멘토링 길라잡이』는 진정한 멘토가 필요한 이 시대에 도움이 될 멘토 같은 책입니다.

_광양대광교회 담임목사 **신정**

인생에서 좋은 멘토를 만나는 것은 크나큰 행운이지만, 누구나 훌륭한 멘토를 쉽게 만날 수 있는 것은 아니다. 그래서 우리는 나름대로 자기만의 롤모델을 만들기도 한다.

롤모델이란 역할모델이라고도 하며, 사전적으로는 '자기가 해야 할 일이나 임무 따위에서 본받을 만하거나 모범이 되는 대상'을 뜻한다. 누군가를 롤모델로 삼는 것은, 돈이 들지 않으며 시간 낭비도 없다. 자기가 닮고 싶은 사람을 정해서 그의 성공담을 찾아보고 감동받은 대로 따라서 해 보면 된다.

공자는 『논어』의 「술이」편에서 '三人行必有我師(삼인행필유아사)'라고 했다. 세 사람이 길을 같이 가면 그 가운데 반드시 나의 스승이 있다는 뜻으로, 언제 어디서나 함께하는 사람이 있다면 자신이 본받을 만한 일이 있기 때문에 배우는 자세가 중요함을 강조한 것이다.

일반적으로 멘토는 멘티보다는 나이가 많거나 경험이 많다. 따라서 멘토는 가르치는 사람, 멘티는 배우는 사람으로 인식된다. 그러나 가르치는 사람이 가장 많이 배운다는 말처럼 멘토도 멘티에게 배울 수 있는 것이 반드시 있다는 것을 멘토링을 통해서 배우게 될 것이다.

나의 멘토는 다음과 같이 몇 가지로 구분해 이야기할 수 있다.

첫째는 '책'이다. 자기계발서를 통해 멘토로 여길 만한 사람들의 생각과 업적을 배우고, 가능하면 따라서 해 보려고 노력했다. 이에 멘토링에 도움이 되었던 것들을 바탕으로 최근에 읽은 관련 서적과 2016년에 출간한 『작은 성공 큰 행복』의 내용을 참고하여 『행복한 멘토링 길라잡이』를 집필하게 되었다.

둘째는 '가족'이다. 나를 낳아 주고 키워 주신 부모님과, 나를 가장 많이 알고 있으며 내가 잘할 때는 아낌없이 칭찬을 하지만 잘못하면 즉시 지적해 주는 아내, 그리고 이 책을 교정해 주고 응원해 준 두 딸이 있어서 포기하지 않고 끝까지 해낼 수 있었다.

셋째는 '나와 함께하는 모든 사람들'이다. 포스코인재창조원 김관영 원장님을 비롯한 직장 동료, 광양제철소 웃음·마술재능봉사단, 금빛소리 그린봉사단, 팔마포럼 회원들이 내 훌륭한 멘토이다.

끝으로 『작은 성공 큰 행복』에 이어서 『행복한 멘토링 길라잡이』가 세상에 나올 수 있도록 도와주신 책과나무 대표님과 직원들에게 진심으로 감사드린다.

"어느 누구도 혼자서 성공할 수는 없다. 누구도 혼자서 성공했던 적은 없다. 그리고 우리가 눈치채지 못하고 있을 뿐 우리는 모두 누군가에게 멘토이다." _오프라 윈프리

차례

Part 1
멘토링의 이해

Part 2
멘티가 희망하는 멘토

Part 3
멘토링에 필요한 삶의 지혜

Part 4
건강한 멘토

1

멘토링의 이해

멘토링이란?

　새로운 길을 개척해 나갈 때에는 고통과 실패가 뒤따르기 마련이다. 그렇기 때문에 우리가 미지의 세계에 도전하다가 흔들릴 때마다 잡아 줄 멘토가 필요하다.

　'**멘토**'라는 단어의 어원은 그리스 신화 오디세이에 나오는 이타카 왕국 오디세우스 왕이 가장 친한 친구인 멘토르에게 트로이 전쟁을 치르는 동안 아들 텔레마코스를 맡겼는데 그 아들을 훌륭한 사람으로 성장시킨 것에서부터 유래되었다. 오늘날 '**현명한 지도자**'라는 의미로 사용되고 있으며, 이후에 그리스에서는 아버지의 친구나 친척들 중에서 인생의 선배로서 경험이 많은 사람을 선택하여 아들과 짝지어 주어 경험과 가치관을 배우게 하는 멘토(Mentor)를 세우는 풍습이 생겼다고 한다.

멘토링이 국내에 본격적으로 소개된 것은 2000년대 초로, 일부 기업들이 신입사원 교육 프로그램으로 채택하면서부터다. 이 무렵 다국적 컨설팅 업체인 맥킨지의 21세기 인재 전략 보고서가 국내에 번역·출간되면서 기업에서의 멘토링은 더욱 급부상했다. 보고서의 핵심 메시지는 모든 경쟁의 최종 열쇠를 쥔 인재를 양성하기 위해서는 멘토링에 주목해야 한다는 것이었다.

그렇다면 멘토링을 제도화한 기업들은 어떤 결실을 맺었을까? 우선 2001년 동종 업계 최초로 멘토링을 도입해 새로운 신세대 직원 문화를 창출했다는 평가를 들을 만큼 성공을 거둔 포스코 계열사인 시스템통합업체 '포스데이타(현 포스코ICT)'의 사례를 살펴보자.

1990년대 후반부터 사업 규모가 커지자 신입사원을 대거 채용하면서 이들이 직장 생활에 조기 정착하도록 지원하기 위한 프로그램 마련이 시급해졌다. 체계적인 인력 개발 시스템의 미비로 이직률이 16%에 달했기 때문이다. 그 해결책으로 멘토링을 도입하자 불과 2년 만에 이직률은 1.8%까지 뚝 떨어졌다. 포스데이타의 멘토링이 이처럼 큰 효과를 본 것은 업무 지도에서부터 각종 개인 문제 상담에 이르기까지 멘토가 멘티의 든든한 후원자 역할을 해 준 덕분이다.

다음은 2002년 재계에서 선구적으로 멘토링을 도입한 **삼양사**를 살펴보자. 삼양사는 식품, 의약, 화학 사업 등을 주력 부문으로 하는 회사로, 김원 사장은 멘토링 도입과 정착을 이끈 주역이다.

삼양사의 멘토링은 4~10년차 선배와 신입사원을 짝지어 1년 동안 공식, 비공식 활동을 함께하는 것으로 진행된다. 회사에 대한 충성도가 높으며 개인 역량과 대인관계 등이 뛰어난 사원을 멘토로 선발하며, 소정의 교육을 거쳐 비로소 멘토로 활동하게 된다.

멘토는 멘티와 상호 협의하에 활동 계획을 세우고 실천 과정을 수시로 사내 멘토링 홈페이지에 올려야 한다. 이를 모니터링한 인력개발팀은 활동이 우수한 커플을 매월 한 쌍씩 선정해 포상하고 활동 사례를 공유한다. 또 좋은 평가를 받은 멘티들은 잠재적 멘토 풀로 관리된다. 멘토링을 도입한 결과 이직률이 낮아졌고, 사내 갈등 관리와 역량 개발로 직원들의 회사 만족도가 높아졌다.

최근에는 마이크로소프트, GE, 구찌, 에스티로더 등 글로벌 기업들이 리버스 멘토링(Reverse Mentoring: 역멘토링)을 통해 혁신의 열쇠를 찾고 기업 문화를 젊고 활력 있게 개선하고 있다. 리버스 멘토링이란 선배가 후배를 가르치는 기존 멘토링의 반대 개념으로, 젊은 직원이 멘토가 되어 경영진을 코칭하는 역발상 소통 방식을 말한다.

리버스 멘토링의 주제로는 디지털 디바이스 활용하기, SNS 체험하기, MZ세대 이해하기 등이 있다. 멘토인 신입사원이 임원에게 태블릿PC 사용법이나 배달·중고거래 앱 활용법을 알려 주고, 인스타그램, 유튜브, 틱톡 등 MZ세대가 많이 접속하는 SNS를 함께 체험하기도 한다.

• 멘토링의 성공을 위한 여덟 가지 조건

멘토링을 성공시키기 위해서 멘토는 다음과 같은 내용을 익히고 실천해야 한다.

1) 객관성을 유지하라.

멘토는 멘티에 대하여 자신의 주관적인 편견에 빠지기 쉽다. 올바른 멘토링을 위해서는 객관적인 자세를 유지해야 한다.

2) 멘티에게 정직하게 대하라.

멘토링에서 가장 중요한 요소가 멘토와 멘티 간의 신뢰 관계이다. 상호 신뢰 관계를 구축하기 위해서는 우선 멘토가 솔직해야 한다.

3) 모델(model)이 되어야 한다.

멘티는 듣기보다는 행동으로 보기를 원하므로 멘티가 본받고 싶어 하는 삶의 모델이 되어야 한다. 이를 위해서는 멘토 자신의 불완전한 면을 힘써 고쳐 가며 스스로 성공적인 삶을 살아가도록 끊임없이 노력해야 한다.

4) 멘티에게 헌신하라.

지도자로서의 멘토는 도움을 받는 주체인 멘티에게 언제나 정성을 쏟아 헌신하여야 한다. 멘티의 나이가 멘토보다 많다면 공경심을 품고 어른 대하듯이 해야 할 것이며, 나이가 어리다면 사랑의 마음을 품고 동생이나 자녀를 대하듯이 정성을 다해야 한다.

5) 멘토는 교사가 되어야 한다.

도움을 받는 멘티에게 멘토가 단지 모델이 되는 것만으로는 부족하며, 교사가 될 수 있어야 한다. 멘토가 의도하는 대로 멘티가 따라 할 수 있게, 일을 해야 하는 이유와 방법, 내용과 과정을 구체적으로 충분히 이해할 수 있도록 가르쳐 주어야 한다.

6) 멘티의 잠재력과 가능성을 믿어야 한다.

멘티의 잠재력과 가능성을 인정하고 그의 능력에 신뢰를 보여 주어야 한다.

7) 미래를 향한 비전을 심어 주어야 한다.

비전 있는 젊은이는 타락하지 않는다. 멘토가 멘티를 도울 수 있는 최선의 길은 멘티의 미래에 비전과 꿈을 심어 주는 일이다. 비전을 나누고 공유하는 일이 멘토링을 성공으로 이끄는 길임을 명심해야 한다.

8) 멘토는 스스로 배우는 자가 되어야 한다.

자신이 배우지 않고 가르치기만 하려는 멘토는 오래갈 수 없다. 스스로 배우려는 자세를 가지되, 자신이 지도하는 멘티로부터도 배우겠다는 마음가짐이 필요하다. 멘토의 이런 마음가짐과 삶의 자세가 멘티의 성장에도 큰 도움을 준다.

• 호감형 멘토 vs 비호감형 멘토

'**지피지기**(知彼知己)**면 백전불태**(百戰不殆)'라고 했다. 최고의 멘토가 되기 위해서는 우선 멘티가 어떤 타입의 멘토를 좋아하고, 어떤 타입의 멘토는 싫어하는지 알아 둘 필요가 있다. 아래의 표에 있는 내용은 신입사원들에게 강의할 때 직접 물어보고 정리한 것으로 공감이 가는 내용이 많다. 호감형 멘토가 될 수 있도록 노력해야 한다.

호감형 멘토	비호감형 멘토
업무 역량 향상을 도와주는 멘토(잘 가르쳐 주는 멘토)	얌체형 멘토(성과를 가로채거나 책임을 전가)
말이 잘 통하는 멘토(유머와 공감)	라떼형(과거에 집착하는 멘토, 꼰대형)
새로운 조직 적응력을 도와주는 멘토	사또형(권위적이며 함부로 말하는 멘토, 술자리 강요, 사적인 일에 간섭)
비전과 꿈을 주는 멘토	열정형(매사에 열정이 부족하다고 질책하거나 자기 신념을 지나치게 강조하고 희생을 강요)
공과 사를 구분할 줄 아는 멘토	사적인 모임을 강요하는 멘토
개인 사생활을 존중하는 멘토	개인 사생활을 무시하는 멘토
회사에 대해 자긍심이 있는 멘토	회사를 험담하는 멘토
매사에 배려심이 있는 멘토	배려심이 없고 조직의 분위기만을 강조하는 멘토
약속을 잘 지키는 멘토	약속을 잘 잊어버리고, 멘티와의 약속을 소중히 생각하지 않는 멘토

• 멘토와 멘티 간 세대 차이, 그 배경은?

4차 산업혁명 시대는 기술의 진보와 가치관의 변화가 다른 어느 때보다 빠르게 변하고 있고, 기성세대와 신세대의 삶에 대한 생각의 차이가 매우 크므로, 효과적인 멘토링을 위해서라도 멘토와 멘티는 서로의 가치관 차이를 인정하고, 조금씩 양보하고 배워 가면서 멘토링을 해야 성공적인 멘토링이 될 것이다.

아래에 있는 표의 내용은 일을 하는 과정에서 기성세대와 신세대의 생각 차이를 비교한 것으로, 그 차이가 어디서 오는지 시대적인 배경과 성장 과정을 중심으로 비교하였다.

기성세대의 부정적 인식	신세대의 인식	신세대의 인식 형성 배경
딱 자기 일만 하고 희생하는 법이 없다	아무도 나를 책임지지 않으며, 조직을 위해 내 인생을 희생할 필요 없다	– 취업 전쟁 경험 – 승진적체 구조조정 목격
일이 있어도 퇴근 시간이 되면 가 버린다	회사는 인생의 일부일 뿐 회사 외에도 할 일이 많다	– 글로벌, IT 등 넓은 경험 – 다양한 관심사
금방 얼굴빛이 바뀌어 야단도 못 치겠다	크게 질책받은 경험이 없고, 합리적인 질책은 수용하지만 감정적 질책은 수용하기 어렵다	– 1～2자녀 가구 – 인격적이고 합리적 문화
일일이 가르쳐 주지 않으면 일을 못 한다	내가 하는 일에 관심과 피드백, 세밀한 지도를 원하며, 가르쳐 주면 잘할 자신이 있다	– 맞춤형 사교육 세대 – 부모의 세밀한 보호 하에 성장

• 성공적인 멘토링의 첫 단계, 신뢰 형성

지금까지 역사적으로 알려져 있는 이상적인 멘토링의 예를 들자면, 소크라테스와 플라톤, 설리번 선생과 헬렌 켈러, 동의보감의 유의태와 허준, 드라마 대장금의 한상궁과 장금이 등을 들 수 있으며, 이들의 공통점은 끝까지 믿고 인내하면서 기다려 주었다는 것이다.

사회 초년생인 멘티는 멘토의 입장에서 보면 업무는 물론이고 인성까지도 부족한 면이 많이 보일 것이다. 따라서 하나하나 자기만의 방식으로 멘토링을 하다 보면 사사건건 부딪치게 되고 결국은 신뢰에 금이 가고 멘토링은 실패로 끝나게 된다. 그럼 어떻게 하면 성공적인 멘토링을 할 수 있을까?

1) 멘토는 경청의 달인이 되어야 한다.

성공적인 멘토링을 위해서는 우선 멘토와 멘티 간 라포르(Rapport) 형성이 중요하며, 멘티를 이해할 필요가 있다. 그러기 위해서는 멘티에게 이야기할 기회를 많이 주어야 한다.

2) 지식을 주입시키는 것보다 열정을 심어 주어야 한다.

처음부터 아무리 많은 지식을 주입시켜도 금방 실력이 높아지는 것은 아니다. 특히 현장 경험이 많이 필요한 업무일수록 오랜 시간이 필요하다. 따라서 그 일이 왜 중요한지 배우지 않으면 안 되는 이유를 알려 주고, 스스로 배우려는 열정을 심어 주는 것이 장기적으로 볼 때 훨씬 효과적이다.

3) 인내하면서 기다려 주어야 한다.

핵가족 시대에 독자로 자란 멘티들이 많이 있으며, 꾸지람보다는 애지중지 자란 경우가 많아 함부로 말하고 꾸지람 당하는 것에 익숙하지 않다. 멘토로부터 이해하기 어려운 질책을 받으면, 스트레스를 크게 받으며 조직에 적응하지 못하고 반발심이 커져서 멘토링에 많은 어려움을 겪을 수 있다.

4) 사적인 일에 너무 간섭하지 말고 개인의 프라이버시를 존중해 주어야 한다.

같은 방에서 여럿이 성장해 온 세대와 다르게, 대부분 자기 방에서 혼자 자라 온 세대로 다른 사람들로부터의 간섭을 매우 싫어한다. 특히 사생활을 침해받는다는 생각이 들거나 멘토와의 상담에서 나온 이야기가 동료들에게 알려지는 것에 대해서 매우 민감하게 반응하므로 개인의 프라이버시를 반드시 존중해 주어야 한다.

5) 회사에 대해 부정적인 말을 하지 말아야 한다.

회사에 대한 동경심과 기대를 품고 입사하였는데, 멘토가 회사에 대해서 부정적으로 이야기하면, 멘티들의 꿈과 희망을 짓밟는 결과를 초래할 수 있다.

멘토의 지식과 역량만으로 성공적인 멘토링을 기대하기는 어렵다. 멘토와 멘티 간 신뢰 형성이 무엇보다 우선되어야 하며, 신뢰와 배려를 바탕으로 원활한 소통이 이루어진 후에 멘토링 프로그램을 진행할 필요가 있다.

*"남을 가르치는 것만큼 자신에게 공부되는 것은 없다. 다른 사람의 성장에 도움을 주면 그만큼 자신도 성장하게 된다."*_피터 드러커

멘토의 자세

"멘토란, 내 속에 잠재된 희망을 볼 수 있도록 이끌어 주는 사람이다."

어느 정도 경력을 쌓은 전문가라면 자동적으로 멘토로서 필요한 일정한 자질을 갖추게 되는데 여기에서 자질이란 경험이나 기술, 인성, 직업윤리 등을 말한다. 멘토에게는 그 외에도 온화한 성품과 지혜로운 인간관계 기술이 필요하며, 타인의 말에 귀를 기울일 줄 아는 태도나 따뜻한 인간미, 유머 감각 등이 중요하다.

인간관계에 능숙하지 못한 사람이라면 아무리 뛰어난 기술과 지식을 갖고 있어도 멘토의 역할을 잘 수행할 수 없으며, 교육과 훈련도 훌륭한 인성을 바탕으로 할 때 효과를 발휘한다. 자기 자신을 잘 알고 비판을 받아들일 줄 아는 겸손한 멘토는 언제나 존경받는다. 겸손한 사람의 주변에는 늘 사람들이 모여들며, 결점을 갖고 있으면서 이를 숨기지 않는 점이 오히려 매력으로 작용한다.

완벽하기만 한 멘토는 실제로 결점을 감추고 있는 사람일 확률이 높고, 그런 멘토와는 공감대를 형성하기가 어렵고 가까이 다가서기도 힘들어 멘토로서 인기가 없다. 그러나 훌륭한 멘토는 자신의 재능과 장점을 감사하게 생각할 뿐, 그것을 과시하지 않는다.

• 좋은 멘토는 어떤 사람일까?

성공한 사람들을 살펴보면, 롤모델 또는 멘토에게 영향을 받아서 성공한 스토리가 대부분이다. 따라서 멘토를 정해 주는 일은 매우 중요하며, 신중하게 생각해야 한다. 그렇다면 좋은 멘토는 어떤 사람일까?

1) 행복하게 성공한 사람

성공한 사람들은 많다. 중요한 건 성공만을 보면서 힘겹고 불행하게 산 사람이 아니라 행복하게 성공한 사람을 찾아야 한다.

2) 삶의 균형감이 있는 사람

일에만 몰두하고 가정을 등한시하는 사람이라면 아무리 뛰어난 업적을 세웠다고 해도 삶의 지혜를 알려 줄 수 없다. 한쪽으로 치우치지 않고 전체적인 균형을 보고 정확한 조언을 해 주는 사람이 훌륭한 멘토다.

3) 실패를 통해 배운 사람

실패를 통해 거듭난 사람은 멘티를 훌륭하게 성장시킬 줄 안다. 반대로 어려움 없이 엘리트 코스만을 밟아 온 사람은 왜 실패하는지를 이해하지 못할 수 있고, 실패를 극복하는 방법도 모를 수 있다.

4) 겸손한 태도로 일상을 사는 사람

크게 성공했다고 자만하거나 사람을 경시하는 태도를 취하는 사람은 훌륭한 멘토가 될 수 없다. 겸손한 태도로 모든 이들과 숨김없이 자신의 모든 것을 나누는 사람에게 더욱 큰 배움을 얻을 수 있다.

5) 대인관계가 좋은 사람

파트너나 가족 등 주위 사람과 사랑을 주고받으며 행복한 관계를 만드는 사람은 다른 사람의 가치를 볼 줄 알고, 타인을 진정으로 도울 수 있는 자질이 있다고 봐야 한다. 또 대인관계가 좋다는 것은 주위 사람들이 그 사람이 훌륭하고 건강한 사람이라는 것을 증명해 주는 보증수표와 같다.

• 멘토링 시 주의해야 할 다섯 가지 사항

아울러 멘토링을 할 때는 다음과 같은 내용에 주의해야 한다.

1) 멘토 자신이 가진 영향력을 잘 인식하고 좋은 곳에 사용해야 한다.

멘토가 멘티에게 대가를 요구하거나 대가를 바라고 멘토링에 임한다면, 이는 시작부터 크게 잘못된 것이다.

2) 멘토 스스로 지나치게 개입하거나 너무 나서는 것도 곤란하다.

멘토는 도와주는 사람으로서의 역할에만 충실해야 한다. 의욕이 넘친 나머지 멘티에게 변화를 강요해서는 안 된다. 경험을 바탕으로 다양한 조언을 해 줄 수는 있지만, 선택과 행동은 어디까지나 멘티의 몫으로 남겨 둬야 한다.

3) 멘토는 언제나 멘티의 성장과 발전을 우선시하고 성과가 있을 때는 이를 인정하고 칭찬해 줄 의무를 갖는다.

냉정한 평가와 비판이 없다면 멘티는 성장할 수 없다. 멘티에게 문제가 있다고 해도 애정을 버리지 않고 멘티의 장점과 능력을 칭찬하면서 성장시켜야 한다.

4) 멘티와 나눈 사적인 대화는 반드시 비밀로 해야 하며, 개인의 프라이버시를 침해하지 않아야 한다.

멘티들이 가장 싫어하는 멘토 중에 하나가 개인의 사생활을 공개하는 멘토이며, 그 일로 멘토링이 매우 힘들어질 수 있다는 것을 명심해야 한다.

5) 멘토링 과정에서 문제가 있었다면 가능한 자세히 객관적이고 사실적인 입장에서 기록해야 한다.

만약에 멘토와 멘티의 관계가 악화되어 멘티로부터 부당한 비난을 받게 되면, 유용한 증거로 사용할 수 있도록 멘토링 중에 발생된 문제는 가능하면 자세히 기록해 둔다.

우리는 모두 누군가의 부모이거나 적어도 누군가의 자녀이다. 멘토링의 정의가 '**경험과 지식이 풍부한 사람이 멘티에게 지도와 조언을 하면서 실력과 잠재력을 향상시키는 것**'이라고 할 때, 우리 모두는 멘토링을 떠나 살 수 없다. 태어난 순간부터 부모와 관계를 맺고 그들을 모방하면서 말과 글을 익히고, 부모님의 보살핌에서 벗어나면서부터 사회의 구성원으로서의 역할을 부여받는다.

특정 집단의 구성원이 되면 기존의 멤버들로부터 또다시 많은 것을 배워야 하며, 선임자들의 지도와 조언을 받으면서 무사히 적응 과정을 마쳐야만 집단의 구성원으로 인정받을 수 있다.

• 높이 그리고 멀리 연날리기 위한 멘토링 기술

멘토링은 연날리기와 같아서 연줄을 잡고 조종하는 기술에 따라 연이 높이 그리고 멀리 날아갈 수도 있고, 금방 떨어져 버릴 수도 있다. 다음과 같은 멘토링 역할을 잘 배우고 익혀서 멋지게 연을 날려 보자.

1) 멘티와 함께 논의해서 목표를 정하라.
2) 멘티를 격려하라.
3) 목표 달성에 책임감을 부여하라.
멘토는 밥상 차림을 도와주는 것이지 밥을 떠먹여 주는 사람이 아니고, 물을 먹여 주는 것이 아니라 물가로 인도해 주는 역할이라는 것을 명심해야 한다.
4) 인생 목표를 계속해서 상기시켜라.
5) 멘토가 먼저 모범을 보여라.

6) 멘토의 지식과 정보를 나누라.

7) 멘토의 경험으로 조언하라.

8) 멘토를 친한 친구로 느끼게 하라.

*"내 가장 친한 친구는 최고의 나를 끌어내는 친구다."*_헨리 포드

멘티가 희망하는 멘토

행복을 꿈꾸는 멘토

"멘토가 행복하지 못하면 멘티를 좋은 길로 인도할 수 없으며, 행복하지 않은 멘토에게 인생을 맡길 사람도 없을 것이다."

　행복은 주관적인 감정으로 쉽게 정의하기 어렵지만, 행복을 연구하는 긍정심리학자들 사이에서 많은 공감을 얻는 정의가 있다. 바로 하버드대에서 행복학 강의를 하는 탈 벤 샤하르의 **'행복은 즐거움과 의미가 공존하는 주관적 감정'**이라는 정의다. 행복이 **'감정'**이라는 데는 이견이 많지 않다. 또한 타인과 완벽하게 일치하는 행복의 공유는 불가능하므로 **'주관적'**일 수밖에 없다.

　행복은 기본적으로 **'즐거움'**이 있어야 하지만 즐거움만 있다고 행복한 것은 아니다. 친구와 만나 소주 한잔하는 것이 좋다고, 1년 내내 친구를 붙잡고 술만 마신다면 알코올 중독자가 되어 신세를 망칠 것이다.

따라서 행복은 '의미'를 동반해야 한다. 어떤 일을 하고 나면, 생각이든 감정이든 스스로가 자랑스럽고 쓸모 있다고 느껴지는 의미가 있어야 한다. 의미가 없는 즐거움은 쾌락일 뿐이며, 반복해서 찾는 쾌락을 중독이라 부른다.

만약에 행복해지고 싶다면, 행복의 정의를 떠올려 볼 필요가 있다.

'당신은 매일 즐거운가? 그 즐거움이 당신에게 큰 의미가 있는가?'

때로는 의미 있는 미래의 목표를 위해 현재의 즐거움을 포기할 필요가 있지만, 미래만을 위해 너무 많은 시간을 투자하면 결국 불행을 맞이할 것이다.

존 맥스웰은 **"성공이란 인생의 목적을 깨닫고 자신의 잠재력을 최대한 발휘하여 누군가에게 유익한 씨앗을 뿌리는 것"**이라 말했다. 이처럼 행복한 성공을 위해서는 누군가에게 유익을 줄 수 있어야 하고, 거기서 찾아오는 행복한 감정을 통해 성공이 이루어진다고 할 수 있다.

사람들은 막연히 갖고 싶은 것을 갖게 되거나 하고 싶은 일을 하게 되었을 때 행복할 것이라고 생각하지만, 그것은 일시적인 만족일 뿐 지속적인 행복으로 연결되지 않는다. 숀 아처 박사는 "행복해지기 위해 성공을 좇을 것이 아니라, 성공하려면 먼저 행복해져야 한다."고 이야기했으며 이는 '행복해서 감사하는 것이 아니고, 범사에 감사함으로써 인생이 행복해지는 것'이라는 뜻과 같은 말이다.

• 인생의 궁극적인 목적, 행복

한 미국인 사업가가 멕시코의 작은 해안 마을에서 한 어부를 만났다. 어부는 작은 보트로 큰 물고기 몇 마리를 잡아 부두에 막 도착했는데, 그 모습을 지켜보던 미국인은 큰 배를 사서 고기를 많이 잡는 것이 어떻겠냐고 물었다. 그러나 멕시코인 어부는 이것만으로도 충분하다고 대답했다. 그러자 미국인은 그 어부에게 남는 시간에는 무엇을 하느냐고 물었다.

"늦잠도 자고, 애들과 놀아도 주고, 아내와 함께 낮잠을 즐깁니다. 저녁이면 친구들과 어울려 포도주를 마시며 기타도 치지요."

어부의 대답에 미국인이 비웃으며 말했다.

"좀 더 많은 시간을 투자해 열심히 일하면 선단도 갖게 되고 부자가 될 수 있을 텐데요."

"그렇게 되려면 얼마나 걸릴까요?"

"한 15년에서 20년쯤 걸리겠지요."

"그런 다음은요?"

"돈을 많이 번 뒤 은퇴해 작은 어촌에서 늦잠도 자고, 아이들과 놀아도 주고, 낮잠도 즐기며, 친구들과 함께 고급 포도주를 마시며 놀 수 있겠지요."

미국인의 이야기를 다 듣고 난 어부가 웃으며 말했다.

"저는 이미 그 모든 것을 누리고 있습니다."

행복은 먼 곳에 있는 것이 아니고 지금 하고 있는 일들이 행복이며, 지금 누리고 있는 모든 일들이 '행복한 삶'이라는 것을 일깨워 주는 일화다.

'인생의 궁극적인 목적이 무엇인가?'라고 물어본다면 대부분의 사람들은 **'행복한 삶'**이라고 대답할 것이다. 행복하게 사는 사람들은 대부분 대인관계가 좋고 외향적이며 사교적인 성격의 소유자다. 따라서 행복해지기 위해서는 그 무엇보다도 가까이에 있는 사람들과 사이좋게 지내야 하며, 하고 있는 일에 만족하고 긍정적이며 삶에 여유가 있어야 한다.

• 행복과 돈은 비례하지 않는다

비록 가진 것은 적어도 주어진 삶에 만족하고, 이웃과 더불어 살아가며 나보다 부족한 사람을 도우며 사는 삶이 바로 행복한 삶이다. 몇 년 전만 해도 세계 행복지수 순위를 보면 방글라데시, 부탄 등 가난한 나라들이 상위를 차지하였는데 최근에는 가난한 나라가 아니라 복지 정책이 잘되어 있는 덴마크, 노르웨이 등 유럽이나 천성이 낙천적이고 화끈한 민족성을 지니고 있는 파라과이, 콜롬비아 등 남아메리카 나라들의 행복지수가 매우 높게 나타났다.

교통의 발달로 사람들이 쉽게 다양한 오지까지 갈 수 있게 되고, 인터넷과 미디어의 발달로 세계인들의 사는 모습을 개발도상국가의 사람들도 알게 되면서 점차 자기들이 사는 모습과 비교할 수 있게 되었다. 이로 인해 가난한 나라 사람들의 행복지수가 점점 더 낮아지는 것은 아닐까 생각된다.

OECD 국가 중 우리나라의 행복지수는 안타깝게도 예전이나 지금이나 변동 없이 40위를 넘어가고 있으며 자살률, 교통사고율, 노인 빈곤율 등에서는 1위라는 불명예에서 몇 년째 벗어나지 못하고 있다. 모두가 절대빈곤을 벗어나기 위해 쉬지 않고 달려왔으며, 그 결과 2015년 1인당 국민 총생산량(GDP)은 세계 11위를 차지했다.

이런 눈부신 경제발전에도 불구하고 행복지수가 좀처럼 오르지 못하고 떨어지는 이유는 무엇일까? 이는 절대빈곤으로 먹고 사는 것이 삶과 직결될 때까지는 돈이 행복지수에 미치는 영향이 크지만, **'한계 효용 체감의 법칙'**에 따라 어느 정도 먹고살 만하면 결코 부(富)가 행복을 가져다주지 못하기 때문이다.

• 작은 순간순간들에 보석처럼 숨은 행복을 찾아서

많은 사람들이, 행복을 시간이 지나면 언젠가 얻을 수 있는 미래의 결과로 생각하는 착각에 빠져 현재를 소중히 여기지 않고 다가올 미래만을 생각하며 살아간다. 그러나 행복은 미래도 과거도 아닌 현재만이 누릴 수 있는 축복이며 자기 자신을 있는 그대로 받아들이고 타인도 있는 그대로 인정하는 일이다.

행복은 우리들이 그냥 스치는 작은 순간들 속에 보석처럼 숨어 있다. 작은 것들의 소중함은 언제나 지나치기 쉽지만, 그 작은 것들을 놓치는 순간 행복에서 더 멀어져 갈 수 있다. 다시 말해 **小確幸(소확행)**을 알고 느낄 수 있는 사람이 행복한 사람이라고 할 수 있다.

행복은 결코 크거나 위대한 것에서만 찾을 수 있는 것이 아니다. 행복의 가장 큰 장애물은 너무 큰, 그래서 얻을 수 없는 행복을 기대하는 마음이다. 오히려 작은 것이 중요하고 소중한 의미를 지니는 경우도 얼마든지 있다. 행복이란 내 손안에 있을 때는 언제나 작게 보이지만 일단 잃어버리고 나면 그것이 얼마나 크고 소중한 것인지를 깨닫게 된다.

나에게 없는 것을 욕심내기보다는 내가 갖고 있는 것을 소중히 하고, 그것에 감사하고 만족하며 사는 삶, 이것이야말로 행복에 이르는 지름길이다.

미국의 유명한 여류 작가 델마 톰슨의 남편이 모하비 사막의 육군 훈련소에 배속되어 아내인 그녀도 함께 따라갔다. 그러나 선인장 그늘 아래서도 45도의 폭염, 눈을 뜨기 어려운 모래바람 등 아무것도 맘에 드는 것이 없었다. 그녀는 도저히 참을 수가 없어 국방부 고위층에 있는 아버지에게 더 이상 이런 곳에서 살 수 없으니 어떻게든 손을 써 달라고 편지를 썼다. 그런데 며칠 후 도착한 아버지의 답장은 다음과 같은 단 두 줄뿐이었다.

'두 사람이 감옥에서 밖을 바라보았다. 한 사람은 진흙탕을 보았고, 다른 한 사람은 별을 바라보았다.'

그녀는 아버지의 편지를 읽고 그동안 진흙탕만 바라보고 살았던 자신이 부끄러워졌다. 그녀는 우선 원주민들과 친해지기 위해 노력했다. 그러자 원주민들은 친구가 된 그녀에게 전통 도자기와 직물 등을 아무런 대가 없이 선물로 주었다.

그녀는 시간 나는 대로 모하비 사막의 생태계를 관찰하며 돌아다녔다. 조개 화석을 주우며 행복에 잠기고, 붉게 물든 노을을 바라보면서 사막이 참으로 아름답다는 생각을 하게 되었으며, 그 경험을 토대로『빛나는 성벽』이라는 책을 썼는데, 이 책이 사막에 관한 최고의 소설이 되었다.

'모하비 사막'은 변함이 없고 인디언도 달라진 것이 없는데 무엇이 그녀를 변화시켰을까? 변한 것은 바로 그녀 자신이다. 그녀는 **'비참한 경험'**을 생애 가장 **'즐거운 모험'**으로 바꾸었던 것이다.

• 누구나 행복해지는 비결, 마음에 달려 있다

나폴레옹은 유럽을 제패한 **황제였지만 '내 생애 행복한 날은 6일밖에 없었다.'**고 고백했고, 평생 시각장애인으로 살았던 헬렌 켈러는 **'내 생애 행복하지 않은 날은 단 하루도 없었다.'**는 고백을 남겼다고 한다. 이렇게 마음먹기에 따라 '천국'과 '지옥'이 달라지는 것이다.

삶에 만족하지 못하면서도 달라지지 않는 사람들은, 한결같이 문제의 원인과 해결책이 자기가 아닌 다른 어떤 것에 있다고 생각하므로 자기를 변화시키려는 노력을 하지 않는다. 반면에 좀처럼 변화를 보이지 않던 사람이 어느 순간 갑자기 달라지기 시작할 때가 있는데, 그때는 바로 모든 문제의 원인이 자신에게 있었다는 사실을 깨닫고 나서다. 따라서 진정으로 달라지고 싶다면 문제의 원인을 자신의 내부에서 찾으려고 해야 한다.

똑같이 차 사고를 당해도 한 사람은 왜 하필 내가 이런 사고를 당해야 하냐며 원망하기를 선택한다. 하지만 다른 한 사람은 이렇게 끔찍한 사고를 당했는데도 죽지 않고 살아서 얼마나 다행인지 모른다며 감사하기를 선택한다. 행복한 삶을 살고 싶다면 어떤 일에서든 긍정적인 의미를 찾아내는 법을 배워야 한다.

네잎클로버는 **'행운'**이라는 꽃말을 갖고 있는데, 나폴레옹이 전쟁터에서 네잎클로버를 발견하고 고개를 숙이는 순간 총알이 비껴 나갔다는 전설과 함께, 네잎클로버가 행운을 가져다준다는 막연한 믿음에서 생겨난 꽃말이다.

우리들은 네잎클로버 즉, 행운을 찾기 위해 행복인 세잎클로버를 마구 밟아 버리는 어리석음을 범하면서 살아가고 있으며, 하루하루가

신이 내게 준 축복이라는 것을 깨닫지 못하면 언제나 무지개만을 찾아 헤매는 어리석은 인간으로 살아갈 수밖에 없다.

행복은 당신이 이미 가진 것과 갖고 싶어하는 것 사이의 간격을 줄임으로써 얻어진다. 아직 갖지 못한 것에 대한 미련을 버리고, 이미 가진 것에 대한 만족을 느낄 때 행복이 찾아온다. 만약에 지금 가진 것보다 앞으로 갖고 싶은 것에 더 많은 관심을 둔다면, 어떤 것을 얻더라도 항상 불만을 느낄 것이다. 그러나 가지고 싶은 것보다 지금 가진 것에 초점을 맞추면, 가지고 싶어 했던 것 이상을 얻게 된다.

다른 사람들과 비교해서 남보다 나은 점을 찾아 행복을 구한다면 영원히 행복하지 못할 것이다. 행복이란 남과 비교해서 찾는 것이 아니라 스스로 만족할 수 있을 때 비로소 얻을 수 있는 것이다.

내 그릇이 더러우면 깨끗한 물을 담아도 더러운 물이 되는 것처럼 행복하고 싶으면 내 그릇에 행복을 담을 수 있도록 준비해야 한다. 불평으로 그릇을 가득 채워 놓으면 행복을 담을 수 없다.

가난한 자들의 어머니이자 제1회 '알버트 슈바이처 상'을 수상한 마더 테레사 수녀가 돌아가시기 전에 하신 말씀은 **"나는 평생 다른 사람에게 받기만 하다가 세상을 떠난다."**였다. 평생 다른 사람들을 위해 주기만 하셨던 분의 **'받기만 했다'**는 이야기를 이해할 수 있어야 한다.

행복하게 사는 특별한 방법이나 원칙이 있는 것은 아니다. 현재의 삶에 만족하고 기쁠 때나 슬플 때 이웃과 함께 나눌 수 있는 사람이라면, 누구나 행복해질 수 있다.

"성공이 행복의 열쇠가 아니라 행복이 성공의 열쇠다. 자신의 일을

진심으로 사랑하는 사람이라면 그는 이미 성공한 사람이다. 가장 행복한 사람으로 칭찬받을 만한 사람은 가장 많은 사람을 행복하게 해준 사람이다. "_알버트 슈바이처

성공을 꿈꾸는 멘토

"멘토는 멘티의 인생길잡이로, 행복한 성공을 위해 꿈을 심어 주고, 그 꿈을 향해 도전할 때 만날 수 있는 어려움을 헤쳐 나갈 수 있도록 도우미가 되어야 한다."

지그 지글러(Zig Ziglar)는 **"인생의 성공을 좌우하는 것은 재능이 아니라 태도다."**라고 말한다. 성공한 사람들을 분석한 자료를 보면 단순하게 지능지수(IQ)가 높은 사람이 아니라 종합지능지수가 높은 사람이라는 것을 알 수 있다.

성공한 사람들의 공통점은 사회적 지능지수(SQ: Social Quotient)가 높다는 것인데, 사회적 지능지수란 좋은 성품을 가지고 다른 사람과의 관계를 긍정적이고 효과적으로 다루며 조직 질서의 테두리 안에서 조화롭게 생산적인 것으로 이끌어 가는 능력을 말한다. 사회적 지능지

수(SQ)가 높은 사람의 특징은 자기 자신의 존재를 긍정적으로 여기며 책임감이 강하고 다른 사람들에게 관용적이고 협조적이라는 것이다.

• 성공은 작은 습관들의 결과다

앨런 스테인 주니어는 그의 저서 『승리하는 습관』에서 성공은 우리가 매일 하는 작은 습관들의 결과이며, 재능을 뛰어넘는 노력을 성과로 만드는 습관에서 온다고 말한다.

내 학창 시절 꿈은 국어 교사가 되는 것이었다. 그러나 그 꿈은 아버지의 갑작스러운 죽음과 함께 가난으로 가슴속에 묻어 둘 수밖에 없었으며, 늘 미련으로 남아 있었다. 군 복무를 마치고 회사에 입사한 후, 설비 도입과 함께 기술자로 들어온 일본인들과 함께 컴퓨터를 설치하고 테스트하면서 자연스럽게 일본어를 접하게 되었다.

그들이 알고 있는 지식을 조금이라도 많이 배우려고 일본어를 공부하기 시작하였고 일본어 회화 능력을 인정받아 유학을 가게 되었다. 그렇게 유학을 마치고, 일본어 능력시험 중 하나인 JPT 시험에서 A급을 취득한 것이 계기가 되어 일본어를 전공하기로 마음먹었고 대학원을 졸업한 후 마침내 꿈에 그리던 교사 자격증을 취득하게 되었다.

덕분에 준비하는 자에게는 반드시 기회가 찾아온다는 말이 있듯, 기적처럼 회사 내에서 교육 부서로 직무를 전환하게 되었으며, 현재는 신입사원 및 기존 사원에게 계측제어를 가르치는 교사가 되었고 포스코기술대학 겸임교수로 임용되어 센서공학을 가르치고 있다.

이렇듯 꿈이 없어도 주어진 일에 목숨을 걸고 노력하면 못 이룰 것이 없으며, 그 꿈은 반드시 크지 않아도 된다. 한밤중에 운전을 하면 목적지를 보며 달리는 것이 아니라 자동차 전조등이 비추는 곳만 보고 달리면 된다. 그렇게 달리다 보면, 어느새 멀게만 느껴지던 목적지가 눈앞에 펼쳐지면서 당신을 반기게 된다.

목표가 필요한 이유는, 시간 낭비를 없애고 암초에 부딪쳐 좌초할 수 있는 인생의 위험으로부터 피할 수 있고, 잘못된 선택을 하였더라도 다시 궤도 수정을 할 수 있는 등대가 되어 주기 때문이다.

• 꿈을 찾는 이들을 위한 메시지

꿈은 달성하기 위해 노력하는 자체로도 충분히 그 가치가 있다. 많은 사람들이 꿈을 크게 꾸라고 말하지만 처음부터 꿈을 크게 꾼 사람들은 그리 많지 않다. 성공한 자들은 처음에는 작은 목표를 세워 놓고 그 목표를 이루고, 다시 또 다른 목표를 세워 이루어 가다 보니 지금 그 자리에 올라 있는 것이다. 하얗게 내린 눈으로 눈사람을 만들 때에도 처음에는 주먹만 한 눈을 굴리고 굴리다 보면 어느새 커다란 눈사람이 되는 것처럼, 꿈도 그렇게 하나하나 키워 나가는 것이다.

그러기에 자녀들에게 꿈이 있다는 것은 부모에게는 엄청난 기쁨이다. 이제 부모 도움 없이 스스로 목표를 정해서 뜻을 성취해 나갈 수 있기 때문이다. 꿈이 나침반이 되어 어디로 가야 할지 알려 주기 때문에 더 이상 걱정할 필요가 없다.

김미경 씨는 그의 저서 『드림 온』에서 꿈은 평생 동안 지속적으로 만들어 가고 키워 가는 것이며, 성공은 그 과정에서 가끔씩 벌어지는 흥미로운 이벤트이자 콘테스트일 뿐이라고 말한다. **"꿈을 이루는 것은 성공이 아니라 성장, 바로 그 자체다."** 라는 말의 의미를 깊이 새겨 볼 필요가 있다.

미래의 행복한 삶을 위해서 오늘을 참고 달리는 것이 아니라, 달려가는 이 순간을 즐기는 것이 행복한 삶이며, 부자가 되고 싶다면 부자가 되어서 무엇을 하고 싶은가에 대한 답이 꿈이 되어야 한다. 현재 꿈이 없다고 두려워할 것도 비관할 필요도 없다. 꿈을 진정으로 갖고 싶다면 골든벨 소녀 김수영 작가의 『당신의 꿈은 무엇입니까』라는 책을 읽어 보기를 추천한다. 이 책은 꿈을 찾는 이들에게는 영감을, 꿈 앞에 좌절한 이들에게는 용기를 전한다.

실업계 고등학교 최초로 골든벨을 울렸던 김수영 씨는 글로벌 기업인 골드만삭스에서 근무하던 중에 암세포를 발견하고 이대로 죽기에는 인생이 너무 허무하다는 생각을 한 후 퇴직을 결정한다. 그리고 퇴사 후 죽기 전에 하고 싶은 꿈 73개를 버킷리스트로 만들어 하나하나 이루어 가면서 기쁨을 찾았다고 한다. 현재는 꿈 전도사가 되어 많은 청소년들에게 희망을 심어 주고 있다.

• 포기하지 않는 한 언젠가는 성공한다

단 한 번의 불행으로 모든 것을 잃어버리는 사람이 있는가 하면, 상상조차 하기 힘든 어려운 상황 속에서도 포기하지 않고 자신의 꿈을 위해 나아가는 사람도 있다. 모든 기적은 불가능을 가능하다고 꿈꾸는 것으로부터 시작된다. 그리고 실패하더라도 주저앉지 않고 실패를 발판으로 삼아 다시 뛰어오를 때 기적은 이루어진다.

성공의 반대말은 '**실패**'가 아니라 '**포기**'다. 시간은 걸리겠지만 포기하지 않는 한 언젠가는 성공할 수 있다. 실패는 성공하기 위한 필수

조건이며, 성공한 사람들 대부분은 실패를 경험했다. 진정한 성공을 원한다면 '**실패**'와 동행할 각오를 해야 한다.

헬렌 켈러를 전 세계가 놀라게 한 인물로 만든 진정한 멘토 앤 설리번은 늘 되풀이해서 다음과 같은 말을 했다고 한다.

"**시작하고 실패하는 것을 계속하라. 실패할 때마다 무엇인가 성취할 것이다. 네가 원하는 것을 성취하지 못할지라도 무엇인가 가치 있는 것을 얻게 되리라. 시작하고 실패하는 것을 계속하라. 절대로 포기하지 마라. 모든 가능성을 다 시도해 보았다고 생각하지 말고, 언제나 다시 시작하는 용기를 가져야 한다.**"

• 성공을 꿈꾸는 자세

"**생생하게 꿈을 꾸면 이루어진다.**"라는 "R(realization) = V(vivid) × D(dream)" 공식이 증명된 많은 일화 중에, 선박왕 오나시스와 영화 감독 스티븐 스필버그의 이야기를 하고자 한다.

오나시스는 성공한 사람들의 책을 즐겨 읽으면서, 자연스럽게 R=VD 공식을 접하게 되었으며, 그는 매주 토요일 최고의 부자들만 간다는 레스토랑 테이블에 앉자 부자가 된 자신의 모습을 상상하였고, 그것이 현실이 되었다고 말한다.

영화감독 스티븐 스필버그도 12살 때 영화감독이 되겠다는 꿈을 갖고 아카데미 시상식에서 상을 타는 자신의 모습을 상상하면서, 영화감독처럼 옷차림에 신경을 쓰고 영화 스튜디오에 들어가 생활했다고 한다.

또 다른 예시로 미국의 성형외과 의사였던 맥스웰 몰츠의 이야기도

들 수 있다. 그는 환자들을 치료하다가 이상한 현상을 발견했다. 그 것은 환자의 믿음에 따라서 인격도 변화하고 인생까지 변화한다는 것 이었다. 그는 수십 년에 걸쳐서 이 현상을 연구했다. 그리고 마침내 **"지금 당신이 성공한 인생을 살고 있지 못하는 까닭은, 당신이 성공을 믿지 않았기 때문이다. 하루에 30분씩 마음속으로 이미 성공한 자신 의 모습을 생생하게 그려라. 그러면 진짜로 성공한다."** 는 연구 결과 를 세상에 발표하고 전파하기 시작했다.

이 연구 결과는 40여 년에 걸쳐서 3,000만 명이 넘는 사람들에 의 해 실험되었고, 몰츠의 주장에 따라 대성공을 거두었다. 그의 제자가 되어 맥스웰 몰츠 전도사가 된 사람들도 셀 수 없이 많이 나왔다.

전 세계에 250개가 넘는 호텔을 세운 콘라드 힐튼 역시, 성공을 불 러들이는 것은 생생하게 꿈꾸는 능력이라고 말한다. 그는 가난한 집 안 출신으로 호텔에 오는 사람들의 가방을 들어 주고, 방을 청소하 고, 뒤치다꺼리를 해 주는 일로 생계를 유지하던 벨보이였다. 그러나 그에게는 다른 벨보이들이 갖지 않은 한 가지가 있었다. 그것은 다름 아닌 꿈을 갖고 있다는 것이었다.

그는 그 당시 가장 큰 호텔의 사진을 구하여 책상 위에 붙여 두고, 그 호텔의 주인이 된 자신의 모습을 상상하곤 했다. 그로부터 15년 뒤 인 1949년, 그는 가장 큰 호텔의 주인이 되었으며, 호텔 왕이 된 후 사 람들이 성공 비결이 무엇인가 물어보자 그는 다음과 같이 대답했다.

"흔히 사람들은 재능과 노력이 성공을 가져다주는 것으로 알지만 그 렇지 않다. 성공을 불러들이는 것은 생생하게 꿈꾸는 능력이다. 내가 호텔 벨보이 생활을 할 때, 내 주위에는 똑같은 처지의 벨보이들이 많

았다. 호텔을 경영하는 능력이 나보다 뛰어난 사람들도 많았다. 나보다 더 열심히 일하는 사람들도 많았다. 하지만 밤낮으로 성공한 자신의 모습을 그린 사람은 나뿐이었다."

누가 뭐라고 해도 성공을 위해서는 반드시 '성공을 꿈꾸는 자세'가 필요하며, 삶의 목적도 꿈도 없는데 성공할 수 있다면 이는 거의 기적에 가깝다고 봐야 한다. 따라서 작은 꿈이라도 만들어 하나하나 달성하고 그 결과에 만족하고 행복을 느끼면서, 다시 좀 더 큰 목표를 세우고 그 목표를 향해 달려가다 보면, 자신도 모르는 사이에 '행복한 성공'이라는 선물이 그대 앞에서 미소 지으며 반갑게 맞이할 것이다.

• 성공하고 싶다면 성공한 사람처럼 행동하라

우리는 독서를 통해서 성공한 사람들의 생각과 행동을 배울 수 있다. 부잣집은 책이 먼저 보이고 가난한 집은 TV가 먼저 보인다는 말이 있다. 이는 부자라서 책을 많이 구입했다는 뜻이 아니라 책을 많이 읽고 그 속에서 지혜를 배웠기 때문에 부자가 되었다는 뜻을 담고 있다.

이의수 씨가 집필한 『지금 알고 있는 걸 서른에 알았더라면』이라는 책 제목처럼 만약에 내가 좀 더 일찍 다양한 종류의 책을 읽었더라면, 가족들에게 그리고 직장 동료들에게 더 잘해 주고 더 좋은 관계를 유지했을 텐데 하는 생각이 든다. 한편으로는 교육 부서로 와서 교양서적을 많이 읽게 되어 얼마나 다행스러운지 모른다.

전문 서적 100권을 읽으면, 4년제 대학의 관련 학과를 졸업한 것과 동일한 정도의 지식을 습득할 수 있다고 한다. 모든 일을 경험을 통해서 습득하는 것은 불가능하므로 책을 통해 간접경험을 하고, 그 경험을 바탕으로 실패를 줄이며 사는 것이 현명한 방법이다.

행운도 우연히 주어지는 것이 아니라 준비된 자가 기회를 만나면서 얻을 수 있다. 공이 날아왔을 때 받을 준비를 하고 있지 않으면 허둥대다 놓쳐 버리듯, 행운이 나타났을 때를 대비해서 철저히 준비하고 기다려야 하며, 성공 또한 확률을 높이기 위해서는 실패해도 계속해서 시도하고 끝까지 포기하지 않는 것이 무엇보다 중요하다.

세상에서 성공하기 위해서는 성공한 사람에게 물어보거나 성공 신화를 쓴 책을 읽는 것이 필요하며, 성공하는 방법을 아는 것에 그치는 것이 아니라 실천해 보는 것이 중요하다. 그리고 실천해서 성공할 경우 그대로 하면 되고, 실패할 경우 그렇게 하지 않으면 되는 것이다.

『백만 불짜리 습관』의 저자 브라이언 트레이시는 모든 성공과 실패의 95%를 특정한 자극에 대한 조건반사인 습관이 결정하며, 성공하는 사람은 성공하는 습관을 가지고 있고, 실패하는 사람은 실패하는 습관을 가지고 있다고 말한다.

무일푼으로 시작해 백만장자가 된 사람이 수백, 수천 명이나 된다는 사실은 부자가 되는 방법을 배우기만 하면 당신도 혼자의 힘으로 부자가 될 수 있음을 의미하며, 신입사원으로 시작해 거대한 조직의 CEO가 된 사람이 많다는 사실도 당신이 훌륭한 CEO가 될 수 있음을 말해 준다.

• 성공한 사람과 실패한 사람의 유일한 차이는 습관이다
성공한 사람은 대부분의 시간을 자신이 원하는 바와 그것을 이룰 수

있는 방법에 대해 생각한다. 반대로 실패한 사람들은 대부분의 시간 동안 무언가를 원하지 않으며, 자신의 문제와 어려움이 누구에게 책임이 있는지에 대해 생각하고 또 듣는 데 시간을 낭비한다.

"뿌린 대로 거둔다."는 말은 무엇을 심든 바로 그것을 수확한다는 뜻이며, 뿌린 대로 거둔다는 법칙은 먼저 뿌리고 그다음에 거둔다는 것이다. 많은 사람들은 뿌리지도 않고 혹은 뿌리기 전에 거두려고 하는 데 문제가 있다.

성공한 기업인들의 가장 큰 공통점은 바로 경청과 메모의 습관이다. 어느 조사에 의하면 성공한 기업인 모두가 노트를 들고 다니며 순간순간 필요한 내용을 메모하는 습관을 갖고 있었고, 질문을 잘 듣고 말이 끝난 뒤에 자신의 의문점을 질문하는 태도를 보였다고 한다. 이처럼 매일 무의식적으로 버릇처럼 하는 행동이 습관이 되어 우리를 지배한다. 따라서 좋은 습관을 갖기 위해서 다음과 같은 습관을 만들 필요가 있다.

1) 업무에서든 생활에서든 긍정적 언어를 쓰는 것은 성공을 위해 꼭 필요한 습관이다.

부정적인 언어를 썼다면 그 뒤에 반드시 긍정적인 언어를 사용해야 하며, 만약에 자녀가 잘못을 해서 꾸중을 했더라도 반드시 자녀들을 사랑하고 있다는 것을 인식시켜 줄 수 있는 긍정적인 말을 해야 한다. 당신이 아무 생각 없이 내뱉은 말 한마디가 당신을 불행하게도, 행복하게도 만들 수 있다. 따라서 단순히 말버릇이라고 가볍게 여기지 말고 긍정적으로 말하는 습관을 길러야 한다.

2) 새로운 일 혹은 자기에게 벅차 보이는 일에 도전할 때 실천에 앞서 머릿속으로 성공했을 때의 이미지를 그리고 입으로 "성공했다!"를 외치면 목표 달성이 쉬워진다.

인간의 뇌는 '안정적인 삶을 추구하려는 의지'가 강해서 자기가 생각한 대로 실천하려고 자연스럽게 움직이기 때문이다.

인생 철학서 작가 오그 만디노는 『위대한 상인의 비밀』에서 "**인간을 성공으로 이끄는 가장 강력한 무기는 풍부한 지식이나 피나는 노력이 아닌 바로 사소한 습관이다. 인간은 습관의 노예이며, 아무도 이 강력한 폭군의 명령을 거스르지 못한다. 따라서 좋은 습관의 노예가 되기 위해 노력하라.**"며 습관의 중요성을 강조했다. 좋은 습관은 모든 성공의 열쇠이며, 나쁜 습관은 실패를 향해 열린 창문과 같다.

인생을 성공으로 이끌고 싶다면 나쁜 습관을 몰아내고 대신 좋은 습관을 만들어 실천해야 한다. 낡은 습관을 기억에서 영원히 지우기는 힘들겠지만, 새로운 습관을 만들어 그것을 대체하는 일은 가능하다. 습관으로 삼고 싶은 행동이나 목표를 종이에 써서 침대와 책상, 화장실 등 자주 눈이 가는 곳에 붙이고 드나들 때마다 본다. 그러면 습관이 잠재의식에 각인된다.

좋은 습관은 어렵게 형성되지만 살아가는 데 도움이 된다. 반대로 나쁜 습관은 쉽게 형성되지만 살아가는 데 방해가 된다. 새로운 습관을 만드는 데 대략 3주가 걸린다고 한다. 그러나 다이어트나 금연과 같이 인간의 생존 본능과 관계가 있는 일들은 보통 90일 이상 걸린다고 한다. 습관은 머릿속으로 생각하는 것만으로는 바뀌지 않을뿐더러

책을 읽거나 다른 사람들에게 조언을 들어도 바뀌지 않는다. 습관을 바꾸려면 오로지 꾸준한 실천뿐이다.

인생은 사고와 행동의 반복이다. 의식적인 사고든 무의식적인 사고든, 사람은 누구나 먼저 생각하고 그다음에 행동한다. 좋은 것을 생각하면 좋은 일이 생기고, 나쁜 것을 생각하면 나쁜 일이 생긴다. 다시 말하면 우리가 어떻게 생각하느냐에 따라 우리의 인생이 바뀐다는 말이다.

*"생각은 곧 말이 되고, 말은 행동이 되며, 행동은 습관으로 굳어지고, 습관은 성격이 되어 결국 운명이 된다."*_찰스 리드

긍정적인 멘토

"인생길잡이가 부정적인 마인드를 갖고 있으면, 멘티도 부정적인 생각을 할 수 있으므로 긍정적인 생각을 할 수 있도록 이끌어 주어야 한다."

평소 꿈꾸었던 회사에 입사를 해서 부푼 꿈을 갖고 열정적으로 배우려 하는데, 멘토가 회사에 대해서 부정적으로 이야기하면 멘티는 회사를 계속 다녀야 할지 아니면 일찌감치 다른 회사를 알아봐야 할지 매우 혼란스러워 하게 된다. 멘토링의 목적은 멘티가 새로운 환경에서 심리적으로 빠르게 안정되게 하고, 업무를 잘 가르쳐서 조직에서 시너지 효과를 내도록 하는 것이다.

전문가들은 3살 이전의 뇌는 어떤 자극을 받느냐에 따라 달라지는 '미완의 뇌'로 다양한 자극에 노출될수록 아이의 뇌 발달이 잘 이루어진다고 말한다. 더불어 이 시기가 평생 뇌의 능력이 좌우되는 결정적 시기로, 부모와 자식 간에 강한 유대감을 형성하는 시기라고 말한다.

그러나 대부분의 아빠들은 여러 가지 이유로 아이들이 어릴 때 함께 놀아 주지 못하는 경우가 많다. 그리고 아이들이 어느 정도 자라난 후에, 함께 놀아 주지 못한 아쉬움으로 여행을 하면서 많은 시간을 보내려고 하지만, 아이들의 두뇌 발달에 큰 영향을 주지 못한다고 한다.

나는 군에 입대하기 전, 서울에 상경하여 유아교육 책을 판매하는 회사에 잠시 다닌 적이 있다. 판매 전선으로 나가기 전에 2일 동안 유아교육의 중요성에 대한 교육을 받아 유아기 때의 교육이 얼마나 중요한지 알고 있었으나, 두 딸을 키우는 동안 알고 있던 지식을 실행에 옮기지 못한 것이 못내 아쉬움으로 남는다. 모르면 열심히 배워야겠지만, 배우는 것으로 끝나지 말고 활용할 줄 알아야 한다. 그래서 혹자들은 깨달음을 '**완성이 아니고 시작**'이라고 한다.

• Dream is nowhere? Dream is now here!

어느 마을에 가난한 집안에서 태어난 형제가 있었는데, 같은 환경에서 자란 두 사람이 너무도 다른 삶을 살고 있었다. 형은 노숙자 신세를 면하지 못했지만, 동생은 박사 학위를 따고 인정받는 대학교수가 되었다. 한 기자가 이들의 사정을 듣고 어떻게 똑같은 환경에서 이렇게 다른 인물이 나오게 되었는지 알고 싶어 두 형제를 찾아갔다.

형제가 살았던 집에는 '**Dream is nowhere**(꿈은 어느 곳에도 없다).'라고 적힌 조그마한 액자가 있었으며, 기자는 형제들에게 그 액자가 기억나느냐고 질문을 던졌다. 그러자 형이 대답하기를, "**네, 있었죠.**

Dream is nowhere. 20년 넘게 우리 집에 있던 액자였죠. 전 늘 그것을 보며 자랐어요."

하지만, 인생에서 성공을 거둔 동생은 미소 지으며 이렇게 대답했다.

"네, 있었죠. 하지만 저는 띄어쓰기를 달리해서 보았죠. Dream is now here(꿈은 바로 지금 여기에 있다). 저는 늘 그렇게 생각하며 자랐죠."

같은 환경에서 자랐어도 어떤 사람은 성공가도를 달리는가 하면, 어떤 사람은 실패한 인생을 살아가고 있는 경우가 있는데, 그 이유는 어려운 환경을 긍정적으로 보느냐 부정적으로 보느냐에 따라 달라질 수 있기 때문이다.

• 긍정 마인드를 향상시키는 방법

긍정 마인드를 향상시키는 방법 중에 제일은 범사에 감사하는 일이다. 다시 말해 자신의 주어진 능력을 다른 사람들에게 베풀 수 있는 사람은 범사에 감사할 수 있는 마음이 생기게 된다.

우리에게 두 손이 있는 것도 한 손으로는 자기 일을, 다른 한 손으로는 다른 사람을 도와주라는 하나님의 뜻이 담겨 있다. 두 손을 꼭 쥐고 모든 것을 놓치지 않으려고 하면 행복해질 수 없고, 비우지 않고는 다른 것을 채울 수 없다. 그러므로 인생에서 중요하지 않은 것은 과감히 버릴 수 있는 결단력이 필요하다.

행복의 기본 수준은 일차적으로 유전적 요인에 의해서 결정된다고 한다. 태어나면서부터 긍정적이고 밝은 성격의 사람이 있는가 하면, 날 때부터 부정적이고 어두운 성격의 소유자도 있다. 그러나 일란성 쌍둥이에 대한 종단 연구 결과, 행복 수준의 50% 정도만 유전적으로 결정된다는 것을 발견했다. 그리고 선천적으로 몸이 약한 사람도 운동을 통해 건강한 사람이 될 수 있고, 음치도 꾸준한 훈련을 통해 노래를 잘 부를 수 있게 되는 것처럼, 행복의 기본 수준도 체계적인 노력을 통해 얼마든지 향상시킬 수 있다는 것이다.

긍정심리학의 창시자 마틴 셀리그만 교수에 의하면, 행복의 기본 수준을 향상시키기 위해서는 자신의 고유한 강점이 무엇인지 깨닫고 그것을 일상생활 속에서 꾸준히 수행하려는 노력이 필요하며, 강점 수행을 통해서만 긍정적인 뇌를 만들어 갈 수 있다고 한다.

역경과 시련을 이겨 내고, 뛰어난 성취와 위대한 업적을 이뤄 낸 사람들의 공통적인 특징은 어려서부터 자신의 강점에 집중하고 끊임없이 강점을 키워 나갔다는 것이다.

마음속에 사랑과 기쁨과 감사가 있으면 엔도르핀의 분비가 촉진되고, 이는 스트레스 호르몬을 감소시켜, 면역력이 크게 강화된다고 한다. 이상구 암 전문 박사의 연구 결과에 의하면, 사랑과 감사로 넘치는 마음은 우리 몸 안에서 백혈구와 엔도르핀을 대량으로 생산한다고 한다.

여기서 '베타 엔도르핀'이라는 호르몬은 해마와 전두엽에 분포하고 있는 A10 신경을 활성화시키는 역할을 한다. 베타 엔도르핀은 긍정적인 생각을 할 때마다 분비되는데 해마를 자극해서 기억력을 상승시키고, 전두엽을 자극해서 학습의 유혹을 촉진시킨다.

쉽게 말해서 천재 소리를 듣는 사람들은 두뇌 속에서 베타 엔도르핀이 왕성하게 분비되는 사람들이라고 보면 된다. 실제로 노벨상 수상자들이나 세계적인 석학들이 연구에 몰두하고 있을 때, 그들의 두뇌 속에서 베타 엔도르핀이 햇빛처럼 무수히 쏟아진다고 한다. 그래서 베타 엔도르핀을 '**천재의 호르몬**'이라고 부르기도 한다.

반대로 '**노르아드레날린**'이라는 호르몬은 부정적인 생각을 할 때마다 분비되는데, 두뇌 속에서 베타 엔도르핀이 되는 것을 막아, 해마와 전두엽에 분포하고 있는 A10 신경을 둔화시키는 역할을 한다. 두뇌 속에서 노르아드레날린이 많이 분비되는 사람의 특징은 공부가 즐겁지 않고, 수업을 들어도 잘 이해하지 못하며, 시험에 자신이 없다는 것이다.

이렇게 우리 몸에 베타 엔도르핀을 생성해 주는 '**긍정 마인드**'는 다음과 같은 방법으로 향상시킬 수 있다.

1) 가정 또는 회사에 Smile Zone 또는 Smile Board를 만들어 매일 1분 이상 크게 웃는다.

2) 작은 목표라도 정해서, 매일 노력하면서 목표를 달성하는 성취감을 느낀다.

3) 즐거움과 슬픔을 나눌 수 있는 친구를 만든다.

4) 감사 일기를 작성하는 습관으로, 범사에 감사하는 삶을 만든다.

• 우리 몸은 생각하는 대로 반응한다

어느 날 프랑스의 약사이자 심리치료사인 에밀 쿠에의 약방에 평소 잘 알고 지내던 사람이 처방전도 없이 찾아왔다. 그는 시간이 늦어 병원에 갈 수도 없고, 당장 아파 죽을 지경이니 약을 지어 달라고 하소연하였다.

쿠에는 처음에 안 된다고 거절하다가 사정이 너무 딱하다는 생각이 들어서, 그 사람이 하소연하는 통증과는 전혀 상관도 없고 인체에 아무런 해도 없는 포도당 류의 알약을 주면서, "우선 이 약을 좀 먹으면 좋아질 것이니, 내일은 꼭 병원에 가서 치료를 받게." 하고 약을 지어 돌려보냈다.

그런데 며칠 후 쿠에는 그 사람을 만났는데, **"무슨 약인지 참 신통합니다. 다음 날 병원에 갈 필요도 없이, 그 약을 먹고 말끔히 나았어요. 참 고맙습니다."** 라고 말하는 것이었다. 좋아질 것이라는 약사의 말이 그 사람에게 믿음과 확신이 되어 스스로 병을 낫게 했던 것이다. 오늘날 '**플라세보 효과**'라고 불리는 '**위약 효과 치료법**'은 바로 이렇게 발견된 것이다.

이와 비슷한 맥락의 또 다른 일화가 있다. 어떤 사람이 나이아가라 폭포를 구경하다가 너무 목이 말라 폭포물을 마셨다. 그런데 돌아서는 순간 'POISSON'이라고 쓰여 있는 팻말을 보게 되었다. 그는 독을 마셨다는 생각에 갑자기 창자가 녹아내리는 듯한 아픔을 느낌과 동시에 배가 슬슬 아파 오기 시작했다. 그는 이 단어를 독을 가리키는 영어 단어 'POISON'으로 착각했던 것이다.

고통으로 괴로워하는 그 사람을 급히 병원으로 옮겼는데, 환자의 이야기를 들은 의사는 껄껄 웃었다. 환자가 의아해서 물어보니 의사는 다음과 같이 이야기했다.

"당신이 보신 팻말은 영어의 포이즌(poison)이 아니고 S가 하나 더 있는 프랑스어로 물고기, 즉 낚시 금지라는 팻말입니다."

그러자 환자는 아프던 배의 통증이 순식간에 사라지는 것을 느꼈다. 우리는 이렇게 때때로 무슨 일이 있으면 그 일로 나빠질 것이라는 부정적인 예견을 갖고 행동하는 경우가 있는데, 이를 **'노세보 효과 (nocebo effect)'**라고 하며 플라세보 효과와 반대되는 현상으로, 플라세보 효과보다 훨씬 크고 나쁜 영향을 미친다고 한다.

어떤 연구 결과에 의하면 곧 죽을 거라고 믿는 수술 환자와 죽음을 유독 겁내는 수술 환자를 비교한 결과, 겁이 많은 환자의 수술 성공률이 높았으며, 죽을 거라고 믿거나 죽어서 고인을 만나겠다고 하는 환자들은 대부분 수술에 실패해서 사망했다고 한다.

이와 같이 어떤 현상이나 결과에 대하여 긍정적으로 생각하느냐 혹은 부정적으로 생각하느냐에 따라서 나타나는 결과는 전혀 다를 수 있으므로, 행복한 삶을 원한다면 긍정적인 마인드를 향상시킬 수 있는 방법을 실천하고 몸에 익혀 습관화해야 행복한 삶을 살 수 있다.

"우리는 우리가 행복해지려고 마음먹은 만큼 행복해질 수 있다. 우리를 행복하게 만드는 것은 우리를 둘러싼 환경이나 조건이 아니라, 늘 긍정적으로 세상을 바라보며 아주 작은 것에서부터 행복을 찾아내는 우리 자신의 생각이다. 행복해지고 싶으면 행복하다고 생각하라."

_에이브러햄 링컨

감사하는 멘토

회사에서 멘토로 선정되었다면 그 사람은 이미 회사에서 인정을 받은 것이나 마찬가지다. 왜냐하면 자질이 없는 사람에게 멘토링을 맡길 회사는 없기 때문이다.

멘토링은 삶의 원동력이 될 수 있고, 자신을 돌아볼 기회를 얻을 수 있다. 가르치는 사람이 가장 많이 배울 수 있는 것처럼 멘토링을 통해서 인간관계는 물론 감사하는 삶이 주는 행복을 배우게 될 것이다.

• 효과적인 감사하기 훈련

행복을 결정하는 것은 유전적 요소가 50%, 환경적 요소 8%인데, 나머지 42%는 개인의 생각에 달려 있다고 한다. 가진 것이 적을 때는 어느 정도 소유와 행복이 비례할 수 있지만, 먹고사는 데 지장이 없을 정도의 생활수준이 되면 행복은 소유하고 있는 것과 비례하지 않고 감사의 크기에 비례한다. 효과적인 감사하기 훈련에는 다음과 같은 방법이 있다.

우선 매일 밤 잠자리에 들기 전, 그날 있었던 일들을 돌이켜 보면서 감사할 만한 일을 다섯 가지 이상 수첩에 적는다. 인생에 대한 막연한 감사가 아니라, 하루 동안 있었던 일 중에서 구체적으로 적어야 한다. 단순히 머릿속으로 생각만 하는 것으로는 부족하며, 반드시 글로 기록한 후에 잠에 들도록 한다. 이렇게 하면 우리 뇌는 그날에 있었던 일을 꼼꼼히 회상해 보면서 그중에서 감사할 만한 일을 고르게 된다. 다시 말해서 감사한 마음으로 그날 하루에 있었던 일을 돌이켜 보다가 잠들게 되는 것이다.

잠들기 전에 하는 것이 효과적인 이유는 기억의 고착화 현상이 잠자는 동안에 일어나기 때문이며, 긍정적인 마음으로 그날 하루 일을 회상하는 뇌의 작용을 습관화하는 데 있어 가장 효과적인 시간대이기 때문이다. 이렇게 며칠 동안 감사 일기를 쓰다 보면, 우리의 뇌는 아침에 일어날 때부터 감사한 일을 찾기 시작한다. 즉, 일상생활을 하는 동안 늘 감사한 일을 찾게 되는 습관이 자연스럽게 들기 시작한다.

회사에서도 '**감사는 행복의 시작**'이라는 문구로 시작하는 감사 앱을 설치해, 수시로 감사 편지 쓰기, 감사 문자 보내기, 칭찬하기 등 감사가 생활화될 수 있도록 여러 가지 방법을 도입하여 활동하고 있다.

처음에는 감사 운동을 활성화시키기 위해 일주일마다 50가지의 감사를 쓰라고 했는데 직원들 사이에서 불평도 많았으며, 막상 감사할 일을 생각하려 해도 잘 떠오르지 않았다. 하지만 계속해서 훈련을 하다 보니 어느새 부담으로 느껴지지 않았으며, 지금은 형식적인 감사보다는 실질적인 감사 활동이 될 수 있도록 감사 실천 횟수를 관리하지 않고, 자율적인 감사 활동이 정착되어 가고 있다.

• 관점의 전환으로 얻은 자유

홀로코스트의 생존자였던 유대인 정신과 의사 빅터 프랭클은 그의 저서 『죽음의 수용소에서』를 통해 모든 것을 다 박탈당하고도 스스로의 의지로 살아남은 이야기를 감동적으로 서술했다. 그는 순간순간 죽음으로 몰아가는 혹독한 환경 속에 있었지만, 누구도 자기에게 빼앗지 못하는 것 하나가 있음을 자각하였다. 그것은 어떤 경우에도 스스로 마음먹을 수 있는 자유였다.

포로수용소에 수감된 수감자를 감시하는 감시병을 '카포'라 불렀는데, 함께 수감된 동료들은 그들을 살인마라고 불렀으나, 프랭클은 마음속으로 그들을 형제라고 생각했다. 하루 종일 일에 지쳐 돌아오는 길에 대부분의 동료들이 절망하며 한탄하는 동안 그는 아름다운 저녁노을을 감상하며 여유를 누렸고, 수용소 주변에 피어난 작은 꽃들을 보면서 자연의 경이로움을 느끼는 시간을 가졌다.

그는 이처럼 혹독한 환경 속에서 자신이 지닌 최소한의 자유를 누림으로써 주위 사람들을 감동시켰으며, 전쟁이 끝나고 카포들의 보이지 않는 도움으로 살아남아, 그가 혼자 상상했던 대로 수용소에서의 체험을 미국의 대학생들에게 강의하게 되었다.

남아프리카의 흑인 인권 운동가 넬슨 만델라는 무려 27년간 감옥에 있었다. 44세에 들어가 72세에 감옥에서 나온 그는, 사람들의 예상과 달리 무척 건강했다. 자기를 가둔 사람들 때문에 고통과 원한이 사무처 몸도 마음도 상했을 텐데, 그는 다른 노인들보다 더 씩씩하고 건강했다.

한 기자가 그 이유를 물으니 그는, **"나는 감옥에서 하나님께 감사드렸습니다. 하늘을 보고 감사하고, 땅을 보고 감사하고, 물을 마시며 감사하고, 음식을 먹으면서 감사하고, 강제 노동을 할 때도 감사하고, 사형수가 되지 않은 것에 감사하고, 늘 감사했기 때문에 건강을 지킬 수 있었습니다."**라고 말했다고 한다.

그는 감옥을 불평과 원망의 장소로 본 것이 아니라, 새로운 꿈을 펼칠 준비를 하는 곳으로 보고 매사에 감사하며 수감 생활을 한 것이다. 이렇듯 관점의 전환을 통해 고난을 감사로 여기며 지낸 덕분에 그 힘이 바탕이 되어 이후 노벨 평화상을 수상하는 등 사회 평화와 발전에 많은 힘을 쓸 수 있었다.

• 어둠 속에서도 빛을 밝히는 감사의 힘

감사를 실천하는 순간과 그렇지 않은 순간은 뇌의 혈류량이 다르다고 한다. 감사로 긍정적인 생각을 하면 뇌의 혈류량이 왕성해지고, 부정적인 생각을 하면 반대로 줄어들어 심할 경우 뇌졸중의 원인이 된다. 그래서 감사를 실천하면 긍정적인 호르몬인 엔도르핀이 분비되어 면역력이 증가되고 혈액 순환이 좋아지며, 혈압이 내려가고 마음이 매우 안정적인 상태가 된다.

감사와 달리 증오는, 그 대상뿐만 아니라 증오하는 자신도 나빠질 수 있다는 것을 알아야 한다. 부정적인 생각을 하는 과정에서 자기 안에 독이 쌓이는 것은 물론 상대방에게 내뿜은 증오가 부메랑이 되어 자신에게 돌아오기 때문이다.

산을 향해 욕을 퍼부으면 욕이 돌아오고, 사랑한다고 외치면 메아리도 사랑한다고 답하는 것처럼, 우리가 어떤 삶을 선택하는가에 따라 행복한 인생을 살 것인가 아니면 불행한 인생을 살 것인가가 결정되는 것이다. 물론 감사를 많이 한다고 해서 힘든 시기가 오지 않는 건 아니다. 그러나 감사는 그런 시기를 잘 넘기게 해 주며 인간관계를 오히려 풍성하고 윤택하게 만들어 주기도 한다.

감사가 많은 사람은 감사가 부족한 사람에 비해 긍정적인 감정이나 삶에 대한 만족도가 높고, 우울증이나 근심, 질투심 같은 부정적인 감정이 적다는 것이 증명되었으며, 이해심이 많고 용서를 잘하고 협조적이며, 도움을 베푸는 사회 지향적인 성향을 가지고 있다고 한다.

처음에는 감사할 수 없었던 일도 자꾸 반복하다 보면 감사하는 방법을 터득하게 되며, 말로만 감사하다는 표현을 할 수 있었지만 감사가 습관이 되면 여러 가지 효과적인 방법으로 감사를 전달할 수 있게 된다.

또한 진심에서 우러나는 감사는 주변 사람과 주변 상황을 우리가 원하는 방향으로 변화시키는 강력한 힘을 지니고 있다. 만일 우리 삶에서 지금보다 감사할 일이 열 개가 늘어난다면 단순히 열 개가 늘어난 것에 그치지 않고, 열 배, 스무 배의 감사를 끌어당기게 된다.

결과적으로 우리는 열 가지를 감사하고 그 수십 배의 효과를 누리는 셈이 된다. 이처럼 감사를 적절히 효과적으로 이용한다면 그 어느 것보다 우리 삶을 윤택하고 확실하게 변화시킬 수가 있다. 낙천주의자들은 일, 학업, 스포츠에서 높은 성과를 나타내고, 보다 건강하고 장수하며 멋지게 늙어 간다는 연구 결과가 있으며, 실패를 빨리 극복하고 우울증에 걸릴 확률이 낮다고 한다.

낙천적인 사람들은 사업에서도 성공할 가능성이 높다. 따라서 낙천주의자가 감사하는 사고방식을 갖는다면, 타고 있는 불에 기름을 붙는 격으로 더욱 좋은 결과를 불러올 것이다. 그래서 감사와 낙천주의가 만나면 최상의 효과를 발휘할 수 있다고 한다.

감사는 가정이나 직업에 대한 만족감과 기쁨을 증가시킴으로써 인간관계를 향상시킨다. 또한 늘 사랑이 철철 넘치도록 생기를 만들며, 갈등을 해소하고 협력을 도모한다. 이렇듯 감사는 마치 눈에 보이지 않는 전기와 같아서 어둠 속에서도 빛을 비출 수 있어 세상을 밝게 하고 일이 잘되도록 하는 힘이 있으며, 어려운 일이 닥쳤을 때에도 문제를 해결하고 위기를 가장 좋은 방법으로 극복하도록 도와준다.

• 감사는 기적을 만들어 내는 습관이다

『지선아 사랑해』의 저자 이지선 씨는, 귀가하던 중 음주 운전자가 낸 7중 추돌 사고로 전신에 3도 정도의 중화상을 입었다. 살 가망이 없다며 의료진도 치료를 포기한 상황이었지만 7개월간의 입원, 그리고 서른 번이 넘는 고통스런 수술과 재활 치료를 꿋꿋이 이겨 냈다. 그녀는 감사가 우리에게 미치는 영향을 아래와 같은 말로 표현하고 있다.

"앞으로도 뒤로도 갈 수 없는 그 상황에서 내가 사람 사는 것처럼 살 수 있는 길은 감사 찾기였습니다. 눈에 보이는 거라곤 원망과 불평할 것밖에 없어 보였는데, 신기하게도 감사할 것을 찾으니 감사할 일

이 있었습니다. 감사 찾기는 그저 감사를 말하는 것으로 끝나지 않았습니다. 처음엔 입술로 시작한 감사가 내 귀를 통해 다시 나의 마음으로 들어와 그 감사는 점점 진심 어린 고백이 되었고, 오늘의 감사 거리를 찾게 하신 분께서 분명히 내일도 또 다른 감사할 거리를 주시리라는 믿음이 생기기 시작했습니다. 감사는 그동안 진통제가 결코 줄 수 없었던 마음의 평화를 가져다주었습니다.

감사는 미미하지만 어제보다 좋아진 오늘을 발견할 눈을 뜨게 해 주었고, 또 오늘보다 좋아질 내일을 소망할 힘을 주었습니다. 처음엔 살기 위해 시작했던 하루에 한 가지씩 감사 찾기는, 그 캄캄했던 터널을 지나갈 수 있는 용기를 주었고, 또 사막에 강을 만들고 광야에 길을 만드시는 분의 손길을 느낄 수 있게 해 주었습니다. 그 감사의 힘을 아는 저와 저희 가족은 10년이 흐른 지금도 큰일은 물론이고, 작은 일에도 그것을 허락하신 주님께 감사를 고백합니다."

감사는 이렇듯 기적을 만들어 내는 습관이다. 그런데 우리는 왜 다른 사람들이 잘못한 것은 다 이해하려 하면서, 가장 소중한 가족이 잘못하면 용서를 못하고 화를 내는 것일까? 물처럼 공기처럼 늘 곁에 있다 보니, 어느새 소중함을 잊어버린 것은 아닌지 모르겠다. 우리가 행복해지려면 바로 옆에 있는 가족에게 감사한 마음을 가져야 하며, 특히 아무 대가도 없이 평생을 자녀들을 위해 노심초사하는 부모님에게 더욱 감사해야 한다.

미국 미시간 대학교 연구 센터는 수천 명을 대상으로 10여 년간 추적 조사를 진행한 결과, 감사하는 마음을 가진 사람은 생활 만족도가 높고 평균 수명이 긴 것으로 나타났다. 반대로 감사의 마음이 없는 사람은 인간관계에서 많은 문제를 겪으며 비교적 고독하게 살았고, 사망률도 1.5배 이상 높았다고 한다.

건강을 잃거나 예기치 못한 재난을 겪을 때, 사람들이 가장 그리워하는 것은 다름아닌 평범한 일상이다. 그러니 오늘 하루를 무사히 보냈음에 감사하자. 이렇게 평범한 것에 감사할 줄 아는 사람은 주변에 작은 행복을 엮어 큰 행복을 만드는 법을 잘 아는 사람이다.

그러고 보면 나는 참 행복한 사람이다. 키워 주시고 지금도 나를 위해 항상 기도해 주시는 어머니가 있으며, 새벽마다 교회에 나가 가족을 위해 기도하는 아내와 아빠를 존경한다는 두 딸이 있고, 멀리 떨어져 있지만 항상 기도해 주는 형제자매들이 있는데 어찌 감사하지 않을 수 있겠는가? 그뿐만이 아니다. 나를 좋아하는 친구들이 있고, 항상 따뜻하게 맞아 주는 직장 동료들이 있으니 나는 정말로 행복하다.

• 감사하는 삶을 위해 가장 중요한 것

내가 잘나갈 때는 나보다 잘나가는 사람을 생각하며 더욱 겸손하게 처신하고, 어렵고 힘들 때면 지금 내 건강한 모습 자체도 누군가에게는 평생소원일 수 있다는 생각을 하면서 감사하는 마음을 가져야 한다.

갑과 을이라는 생각은 감사하는 마음에 방해가 된다. 내가 갑이니까 을인 네가 나한테 잘해야지, 내가 손님이니까 주인인 네가 나에게 친절해야지, 네가 내 부하 직원이니까 상사인 나한테 굽실거려야지 하는 마음을 갖는 순간, 감사하는 마음보다는 불평하는 마음이 많아지게 된다.

모든 사람이 나를 위해 도움이 되는 사람, 즉 나의 고객이라는 마음을 갖지 않고는, 항상 상대편의 행동에 따라서 기분이 좌우된다. 따라서 감사하는 삶을 살아가기 위해 가장 중요한 것은 내가 낮아지는 길이다. 내가 높아지려 하면 상대방의 대응에 따라 기분이 좋아질 수도 있고 반대로 기분이 언짢아질 수도 있으므로, 감사하는 삶을 살아가려면 내가 낮아지는 것이 무엇보다 중요하다.

'행복해서 웃는 게 아니고 웃어서 행복해진다.'라는 이야기처럼, 감사할 일이 생겨서 감사하는 것이 아니고, 범사에 감사하는 삶을 살면 감사할 일이 저절로 생긴다. 부족한 것에 불평하며 사는 어리석음을 범하지 말고, 가진 것에 만족하며 사는 지혜로운 사람이 되자.

*"세상에서 가장 지혜로운 사람은 배우는 사람이고, 세상에서 가장 행복한 사람은 감사하며 사는 사람이다."*_『탈무드』

도전하는 멘토

도전적으로 새로운 길을 개척해 나갈 때에는 고통이 뒤따르기 마련이다. 그렇기 때문에 우리가 미지의 세계에 도전하다가 흔들릴 때마다 잡아 줄 스승이 필요한 것이다.

멘티가 사회에 첫발을 내딛고 의욕이 가득한 상태에서 멘토를 만났는데, 멘토가 도전적이지 못하고 과거의 실패한 일에 집착하고 후회만 한다면 멘티는 의욕이 꺾이고 행복한 직장 생활을 하기 어렵게 된다.

• 더 큰 후회를 남기지 않기 위해서라도

인생의 중요한 시점에서 새로운 길을 선택한다는 것은 대단한 모험이 될 수 있다. 그러나 모험을 하지 않으면 도전할 수 없고, 도전하지 않는 한 성공은 없다. 사람들이 많이 선택한 길은 안전하기는 하지만 풍성한 열매를 거두기는 어렵고, 사람들이 선택하지 않은 길은 비록

험하지만, 노력한 만큼 풍성한 열매를 얻을 수 있다.

인생 전체를 바라보면 실패나 성공이나 인생의 어느 한 부분에 지나지 않으며, 실패하든 성공하든 인생의 본질은 달라지지 않는다. 무려 960번 도전해서 운전 면허를 취득하는 데 성공한 차사순 할머니는 '**다른 사람이 아무리 나를 보고 실패했다고 해도, 내가 실패라고 생각하지 않으면 실패가 아니다.**'라고 했다.

인생은 한 일에 대한 후회보다도 하지 않은 일에 대한 후회가 훨씬 더 클 때가 많다. 인생에 있어서 행복은 성공 자체가 아니라 살아가는 과정에서 느끼는 감정이며, 하루하루 살아가는 과정에서 얻을 수 있는 결과물로 노력 없이 이루어지는 것은 아무것도 없다.

다음 소개할 글은 한 신문 칼럼을 통해 알려진 '어느 95세 어른의 수기'라는 제목의 글이다.

'나는 65세에 직장에서 정년퇴직을 했습니다. 30년 전이지요. 내 분야는 특수한 전문직이어서 남들보다는 더 오래 직장 생활을 했습니다. 불경기에 직장에서 명예퇴직이니, 구조조정이니 하는 퇴직의 회오리바람이 거세게 불 때도 내가 64세까지 끄떡없이 버티며 정년에 명예롭게 퇴직을 할 수 있었던 것은, 직장에서 내가 절대적으로 필요한 존재였기 때문이었습니다. 그 외에 다른 이유는 없습니다.

젊어서 직장에 들어가기 전, 그 분야에서는 최고의 실력을 인정받는 실력자가 되기 위해 내가 얼마나 많은 노력과 힘을 기울였는지 모릅니다. 더구나 나이가 들수록 젊은이들에게 밀리지 않으려고 끝없이 실력을 닦았습니다. 그렇게 노력한 덕에 아무도 그 분야에서 내 실력을 능가한 사람이 없었습니다.

어떤 젊은이도 나를 따라잡을 수가 없었던 것입니다. 그 덕분에 나는 무척 명예스럽게 퇴직할 수 있었습니다. 내가 정년이 되자 직장에서는 내게 좀 더 기회를 주려고 했지만 나는 사양했어요. 65세의 나이쯤 되고 보니 나도 직장 생활을 그만두고 연금을 받으며, 안락한 여생을 즐기다가 남은 인생을 마감하고픈 생각이 들었기 때문이었습니다.

나는 평생 후회가 없는 삶을 살았기에 언제 죽어도 여한이 없다는 생각을 했습니다. 그런 내가 30년 후인 95세 생일 때 자식들에게서 생일 케이크를 받는 순간, 얼마나 내 인생에 대해 통한의 눈물을 흘렸는지 모릅니다. 내 65년의 생애는 자랑스럽고 떳떳했지만, 그 이후 30년의 삶은 가장 부끄럽고 후회가 되고 비통한 삶이었습니다.

나는 정년퇴직 후에 이제 나는 다 살았다, 남은 생애는 언제 죽을지 모르는 덤으로 주어졌을 뿐이다라는 생각을 하면서 하루하루를 허송세월 했던 것입니다. 죽기를 기다리는 삶이었던 것입니다. 그런 덧없고 희망이 없는 삶을 무려 30년이나 살았던 것입니다.

30년이라는 세월은 지금의 내 나이 95세로 따져 보아도 생의 3분의 1에 해당하는 막대한 시간입니다. 내가 95세 생일을 맞으면서 가장 후회한 것은 왜 30년이라는 소중한 인생을 무기력하게 낭비하면서 살았을까 하는 것입니다. 만일 내가 정년퇴직 할 때 앞으로 30년을 더 살 수 있다고 생각했다면, 난 정말 그렇게 살지는 않았을 것입니다. 그때 나 스스로가 다른 무엇을 시작하기에 너무 늦었고, 늦었다고 생각했던 것이 큰 잘못이었습니다.

나는 지금 95살이지만 건강하고 정신이 또렷합니다. 혹시 앞으로

10년이나 20년을 더 살지도 모릅니다. 그래서 지금부터 나는 내가 하고 싶었던 어학 공부를 다시 시작할 것입니다. 왜냐하면 내가 혹시 10년 후에라도 왜 95살 때 공부를 시작하지 않았는지 후회하지 않기 위해서입니다.'

_『동아일보』 오명철 전문기자 칼럼 중에서

정년 퇴직하면 쉬어야지 40년씩이나 일을 했는데 뭐가 아쉬워서 또 직장을 다니려고 공부하느냐고 말하는 선배들을 볼 때마다 들려주고 싶은 이야기다. **"내일 세상의 종말이 온다고 해도, 오늘 나는 한 그루의 사과나무를 심겠다."**는 스피노자의 말처럼 세상이 다하는 날까지 최선을 다하는 삶이 아름답다. 내일 일은 아무도 모른다. 혹 내일 종말이 온다고 해도 사과나무를 심는다는 것은 희망을 심는 일이며, 삶에서 희망을 잃는다는 것은 내일이 없다는 뜻으로, 죽음과도 마찬가지다.

● 후회 없는 삶을 위한 원칙

오스트레일리아의 말기 환자 병동에서 수년 동안 세상을 떠날 준비를 하는 사람들을 보살폈던 간호사 브로니 웨어가 저술한 『죽을 때 가장 후회하는 5가지』에서는 사람들이 죽을 때 무엇을 가장 후회했는지를 잘 알려 주고 있다.

1) 자기 자신의 뜻대로 살지 못한 걸 가장 후회했다.
언제나 타인과 자신을 비교하고, 타인 눈높이에 맞추는 삶을 살다 보니, 자신이 원하는 삶을 살지 못한 것을 가장 안타깝게 여겼다.

2) 일을 좀 덜하지 못한 걸 후회했다.

돈을 번다는 핑계로 가족과 많은 시간을 함께하지 못한 것을 후회했다.

3) 화를 좀 더 내지 못한 걸 후회했다.

분노를 폭발시키지 못한 걸 후회한 것이 아니라, 타인과의 관계를 좋게 유지한다는 명목으로 자신의 감정을 숨기는 데 급급해, 결국 병으로까지 이어졌다고 생각하는 사람들이 많았다.

4) 친구들을 좀 더 살뜰히 챙기지 못한 것을 후회했다.

오랜 친구들과 좀 너 많은 시산을 보내지 못했음을, 그리고 그 친구들이 인생에 매우 소중한 자산이었음을 뒤늦게 깨달은 자책이 많았다.

5) 도전하며 살지 못한 걸 후회했다.

변화보다는 안정을 추구하느라 더 모험적이고, 더 창의적인 삶을 살지 못한 것을 몹시 아쉬워했다. 뜻이 있는 곳에 언제나 길은 있는 법이다. 길이 없기 때문에 특별하게 살지 못하는 것이 아니라, 뜻이 없기 때문에 특별하게 살지 못하는 것이다.

인생의 목적을 확정한 뒤 자신이 무엇을 결정했는지 잊어버리거나 순간순간 인생의 목적을 업데이트하지 않는다면, 망망대해에 표류하는 난파선과 같은 인생을 살고 있는 것이다.

후회 없는 삶을 위한 원칙은 '**바로 지금 하라**'이며, 과거에 대한 후회는 '**이제 후회할 일을 절대 하지 않겠다.**'는 결심을 할 때 가치가 있으며, 미래를 고민하는 것은 새로운 계획을 수립할 때 가치가 있다.

2007년 '브리튼스 갓 탤런트'의 우승자 폴 포츠가 세계적인 스타가 된 것은 아름다운 목소리를 가지고 있는 것도 중요하지만 무엇보다도 잘생기지 못한 외모와 어눌한 말씨, 그리고 그의 직업이 휴대폰 판매원이라는 것이 많은 사람들의 가슴을 울리지 않았나 생각한다.

만약에 그가 외모가 뛰어나고 번듯한 직업을 가졌거나, 성악을 제대로 공부를 해서 이루어 낸 자리라면 우승은 물론 전 세계인들의 심금을 울릴 수 있었을지 장담하지 못했을 것이다. 그가 가지고 있는 모든 악조건들이 프로그램을 시청하던 평범한 수많은 누군가에게 도전하면 가능할 수 있다라는 자신감을 주었다는 것이 무엇보다도 큰 감동으로 와 닿았을 것이다.

"*해 보지 않고는 당신이 무엇을 해낼 수 있는지 알 수가 없다.*"

_프랭클린 아담

열정적인 멘토

열정을 뜻하는 영어 Passion의 어원은 '견디다'는 뜻을 가진 라틴어 'Pati'이며, 인내를 뜻하는 Patience와 같은 어원을 갖고 있다. 또한 열정의 사전적 의미는 '어떤 일에 열렬한 애정을 가지고 열중하는 마음'으로 모든 것이 가능하다고 믿는 충만한 상태를 말하며, 명확한 목표를 갖고 끝까지 하겠다는 의지를 내포하고 있다.

삶에서 중요한 것은 꿈을 갖는 것 그리고 그것을 이루기 위한 열정이며, 똑똑하거나 강한 사람보다 열정적인 사람이 성공한다는 것이다. 열정 없이 무엇을 이룬다는 것은 거의 불가능하며, 한 사람을 바른길로 인도해야 하는 멘토가 열정이 없다면, 올바른 인생길잡이가 될 수 없다.

• 꿈을 현실로 바꾼 열정 전도사

회사 홈페이지 앱에 있는 포스코투데이 '사람과 문화' 편에 질의응답 형식으로 내가 소개되었다.

질문 중에 '성공을 위해 가장 소중하게 생각하는 단어가 무엇인가?'라는 질문이 있었는데, '열정'이라고 답했더니 꿈을 현실로 바꾼 '열정 전도사'라고 소개되었으며, 실린 내용을 읽어 보고 회사 동료들이 정말 많은 댓글을 달아 주어 그중에 인상에 남는 몇 개를 소개하려 한다.

전용배

김재영 교수님의 인품이 삶에 그대로 묻어 나오시는 것 같습니다. 배움의 열정과 도전하는 용기는 후배들이 본받아야 할 모습이고 저 역시도 그렇게 될 수 있도록 노력하겠습니다. 보는 이들로 하여금 항상 행복과 웃음을 주시는 김재영 교수님 존경합니다. ^^

임수이

열정만큼이나, 겸손하시고 배려심도 최고, 인성도 진짜 '찐~'이세요. 교수님께서 집필하신『작은 성공 큰 행복』도 별 100개를 줘도 아깝지 않습니다. 앞으로 계획하고 계시는『행복한 멘토링 길라잡이』나, 디카시도 엄청 기대됩니다. 교수님과 한 공간에서 근무하고, 배울 수 있어서 진심으로 감사합니다.

신정근

교수님, 안녕하십니까? 포항에서 근무하지만 광양에서 교육을 받아 교수님의 강의를 들었습니다! 항상 웃으며 강의하시며 신입생들의 마음을 따뜻하게 대해 주신 교수님! 교수님의 책 잘 읽고 마음에 새기며 살아가고 있습니다. 비록 포항에서 근무하여 뵐 기회가 없지만 항상 생각하고 그리워하고 존경하는 후배가 포항에 있다는 걸 기억해 주셨으면 합니다. 교수님처럼 늘 웃으며 복이 있고 남에게 복을 나누어 주는 멋진 사람이 되도록 하겠습니다! 늘 건강하시고 행복하시길 바랍니다!

정호기

늘 환하게 웃으시며 포스코기술대에서 '센서공학'을 열정적으로 강의하시는 교수님의 모습이 생각납니다. 교수님이 집필하신『작은 성공 큰 행복』도 많은 생각을 하면서 읽었는데…. 21년도에 출판 예정인『행복한 멘토링 길라잡이』책도 기대하겠습니다. 교수님! 항상 건강하시고요. 늘 응원합니다. ^^

김원대

교수님! 교수님께 즐겁게 배운 것이 엊그제 같은데 벌써 은퇴하시는 해가 되었군요. 교수님께서 해 오신 발자취가 너무나도 커서 따라 하려 해도 너무 벅차네요. 정말 대단하신 일을 하시고 은퇴하시는 것 같습니다. 은퇴 후에도 더 멋진 발자취를 남기실 거로 생각됩니다. 후배들이 벅차지만 따라 할 수 있게 은퇴 후에도 멋진 삶의 본보기가 되어 주셨으면 합니다.

황익식

교수님의 글을 읽으며 한 편의 인생 강연을 들었다는 느낌을 받았습니다. 1년 전, 신입사원 교육을 받으면서 교수님을 처음 뵈었고, SNS를 통해 교수님의 소식을 종종 보고 있는데, 선한 영향력으로 많은 사람들에게 '꿈'과 '행복'을 전달하시는 모습이 정말 멋지시다는 생각이 들었습니다. 저 또한, 교수님이 걸어오신 지난 삶과, 현재의 모습과, 앞으로 계획하고 계시는 삶의 방향이 제가 추구하는 삶과 너무나 닮아 있는데 하나씩 꾸준히 노력해서 교수님의 뒤를 잇는 멋진 교육자가 되고 싶습니다.

• 열정이 만들어 낸 기적

나폴레온 힐은 그의 저서 『성공의 법칙』에서 열정이 성공에 미치는 영향을 다음과 같이 이야기하고 있다.

'열정은 단순한 말장난이 아니다. 열정은 모든 일을 할 때 도움이 되는 근원적인 생명력이다. 그러므로 열정이 없는 사람은 방전된 배터리와 같으며, 태어날 때부터 열정을 가지고 태어난 사람도 있지만 그렇지 않은 사람이라면 자신의 노력으로 열정을 찾아내야 한다.

열정을 개발하는 방법은 어렵지 않다. 가장 좋아하는 일을 하는 것만으로도 열정의 개발은 시작된다. 만약 좋아하는 일에 매진할 형편이 되지 않는다면 당분간 현재의 일에 충실하되, 미래에는 그 일을 하고야 말겠다는 열정을 갖고 있어야 한다.'

열정적인 삶을 이야기할 때 빠트릴 수 없는 인물이 그리스신화에 나오는 조각가 '**피그말리온**'이다. 피그말리온은 여자의 단점과 결점을 너무 많이 본 나머지 여자를 혐오하게 되어 평생 결혼하지 않고 혼자 살겠다고 마음먹었다. 모든 것을 잊고 일에 전념하기로 결심한 그는 자신이 이전에 보았던 어떠한 여자와도 비교가 되지 않을 만큼 아름다운 얼굴과 몸매를 가진 조각상을 만들어, '**갈라테이아**'라는 이름을 붙여 준다.

피그말리온은 갈라테이아 조각상을 흠모하게 되었고 사랑에 빠지게 되었으나 갈라테이아는 상아로 만든 조각상에 불과했고, 숨을 쉴 수도 심장이 뛰지도 않았다. 하지만 피그말리온은 조각상이 살아 있는 인간인 것처럼 그녀를 사랑했고, 열정적으로 그녀에게 정성을 다했다. 대화를 하고, 아름다운 장신구를 붙여 주고, 심지어 잠자리에 들 때에는 이불을 덮어 주면서 아내처럼 대했다. 사람들은 피그말리온의 행동을 이해할 수 없었으며, 정신이 나간 사람이라고 손가락질하기도 했다. 하지만 갈라테이아를 향한 피그말리온의 사랑과 열정은 계속되었다.

피그말리온은 급기야 아프로디테 제단 앞에서 갈라테이아에게 생명을 불어넣어 아내로 삼을 수 있도록 해 달라고 아프로디테 여신에게 기도를 올렸다. 피그말리온의 열정과 사랑을 확인한 아프로디테 여신은 그의 소원을 들어주어 갈라테이아를 인간으로 만들어 주었으며, 피그말리온의 열정은 마침내 갈라테이아를 아내로 맞이하는 기적을 만들어 냈다. 간절함이 열정을 낳고 열정이 기적을 이루어 낸 것이다. 그 후로 사람들은 열정과 긍정의 힘으로 불가능해 보였던 것을 가능하게 하는 힘을 '**피그말리온 효과**'라고 부르게 되었다.

• 열정을 불러일으키는 다섯 가지 방법

열정을 불러일으키는 방법으로는 다음과 같은 것이 있다.

1) 꿈을 갖는다.

꿈이 있는 사람은 열정과 의욕이 넘친다.

2) 나는 할 수 있다, 라는 긍정적인 마음을 갖는다.

노력하면 이룰 수 있다는 마음가짐이 열정을 점화시킨다.

3) 성공한 사람을 벤치마킹한다.

성공한 사람의 성공담은 열정을 불러일으킨다.

4) 현재에 충실한다.

지금 이 순간 하고 있는 일에 최선을 다하는 습관이 열정을 키운다.

5) 절실히 원한다.

지금 당장 물이 필요한 사람이 우물을 파지, 목마르지 않은 사람이 먼저 나서서 우물을 파지는 않는다. 꿈속에 나타날 정도로 절실해야 열성이 생긴다. 처음 당구를 배울 때를 생각해 보자. 잠을 자기 위해 누우면 천장에 당구공이 보이면서, 상상력만으로 3쿠션을 친다. 마찬가지로 외국어 공부를 열심히 할 때는 꿈에서 외국어로 대화를 하는 꿈을 꾸기도 한다.

인생을 살다 보면 적어도 한 번쯤은 열정에 불타는 경험을 했을 것이다. 어떤 사람은 30분 동안, 또 어떤 사람은 한 달 동안 열정을 갖는다. 그러나 인생을 성공하는 사람은 10년 이상 열정을 갖는다. 성공하는 사람들의 가장 핵심적 습관은 다름 아닌 '열정을 유지하는 습관'이다.

환갑이 무색하게
열정적인 아버지가
자랑스러워요
생신 축하합니다 ♡

딸들이 환갑을 축하하며
보내 준 꽃바구니

"사람은 그 마음속에 열정이 불타고 있을 때가 가장 행복하다. 열정이 식으면 그 사람은 급속도로 퇴보해 무력해져 버린다."_라 로슈푸코

분노 조절을 잘하는 멘토

최근 입사하는 신입사원들의 대부분은 저출산 시대에 태어나 부모들의 사랑으로 애지중지 키웠기 때문에 크게 꾸지람을 듣지 않고 자라 왔다. 따라서 멘토가 심하게 꾸중을 하면 반발심이 생겨 멘토링이 어려워질 수 있다. 멘티들이 가장 싫어하는 것 중에 하나도 감정적인 질책이다. 합리적인 질책은 어느 정도 수용하지만 화를 이기지 못하고 분노를 표출하는 멘토링은 교육이 아니라 폭력임을 잊지 말아야 한다.

불쾌한 일이 발생하면 즉각적인 반응으로 슬픔과 분노가 생기며, 스트레스를 받은 몸은 곧 아드레날린과 같은 호르몬을 분비한다. 이어 긴장된 몸과 마음은 상황을 왜곡해서 판단하게 되고, 그 상황에 합당한 해결이 아니라 잘못된 결론을 내림으로써 상황을 더 나쁘게 만드는 악순환을 일으키게 된다. 스트레스가 뇌에 저장된 정보를 기억해 내는 활동을 저하시키기 때문에 스트레스를 받고 불쾌한 상태일 때는 기억력이 3분의 1로 감퇴되며, 이 상태가 지속되면 면역 체계도 무너진다.

• 시련이라는 보자기 속 선물

영국인들은 아침 식탁에 청어가 빠지지 않을 정도로 청어를 좋아한다. 따라서 먼바다에서 청어잡이를 하는 어부들은 런던까지 청어를 싱싱하게 살려서 운반하려고 여러 가지 방법을 연구하고 시도했는데, 그때마다 번번이 실패하고 말았다. 그러나 한 어부는 청어를 싱싱하게 살려서 높은 가격을 받았으며, 그 이유는 간단했다.

청어를 넣은 수족관에, 메기 한 마리를 집어넣는다. 그러면 메기가 청어를 잡아먹으려고 계속 쫓아가고, 청어는 메기에게 먹히지 않으려고 필사적으로 도망 다닌다. 결국 이리저리 도망 다니다 보니 배가 고파진 청어는 어부가 주는 먹이를 먹을 수밖에 없다. 이렇게 해서 금방 죽던 청어를 싱싱하게 런던까지 운반할 수 있었던 것이다. 물론 도망 다니다가 잡아먹히는 청어도 있지만 기껏해야 한두 마리에 지나지 않으며, 메기의 위협에서 살아남기 위한 몸부림이 청어들을 오랫동안 살아 있게 한 것이다.

살아가면서 스트레스는 피할 수 없으며, 적당한 스트레스는 인생의 활력이 되고 뇌에 자극이 된다. 이처럼 몸에 좋은 스트레스를 '**유스트레스**'라 부르며, 몸에 나쁜 영향을 미치는 스트레스를 '**디스트레스**'라고 부른다. 스트레스를 성장을 위한 영양제로 만드느냐, 몸과 마음의 병으로 만드느냐는, 다른 사람이 아닌 바로 자기 자신에게 달렸다.

이는 어려운 환경을 딛고 성공하느냐, 그 어려운 환경을 탓하면서 실패하느냐와 같다.

신께서 선물을 주실 때는 시련이라는 보자기에 싸서 주신다고 한다. 선물이 크고 좋은 것일수록 시련이 크므로, 선물을 자기 것으로 만들려면 시련을 극복해 내야 한다는 것이다.

성공을 이야기하는 사람치고 스트레스를 겪지 않은 사람은 단 한 사람도 없을 것이며, 어떠한 어려움도 겪지 않고 순탄하게 성공했다면 그 사람은 성공이라는 제목으로 책을 집필하지도 않았을 것이다. 만약에 책을 낸다고 해도 독자들의 관심을 이끌어 낼 만한 스토리가 부족하기 때문에 베스트셀러가 될 수 없다. 사람들은 그 사람의 성공 자체보다는 어렵고 힘든 상황을 어떻게 극복할 수 있었는지, 그 지혜를 배우고 싶어 하기 때문이다.

• 스트레스를 극복하는 다섯 가지 훈련법

스트레스를 쌓아 두면 언젠가는 몸을 병들게 하기 때문에 어떤 방법이든지 그때그때 즉시 풀어야 한다. 다음과 같은 방법을 통해서 스트레스를 극복하는 훈련을 해 보자.

1) 늘 긍정적인 사고로 감사하는 마음을 가진다.

감사는 강력한 힘을 가지고 있어 스트레스가 생기는 족족 먹어 치운다. 당신이 감사한 마음을 느낄 때 우리 몸의 신경계는 자연스럽게 균형을 찾게 되며, 뇌를 포함한 몸의 각 기관이 서로 협조하면서 원활하게 움직인다. 또한 몸으로부터 발산되는 전자기파도 질서 있고 안정된 심장박동에 동조하는 주파수로 변한다. 그리고 각 기관의 모든 세포들이 활발해져서 건강을 유지하는 데 도움이 된다.

2) 걱정 노트를 만들어 본다.

평상시 걱정이 많은 사람이라면 이 방법을 권장하고 싶다. 우선 걱정 노트를 만들어 일기처럼 그날의 걱정을 기록해 본다. 그리고 그 걱정이 일어날 가능성이 거의 없는 것인지, 이미 과거가 되어 버린 일인지, 걱정할 정도도 안 되는 그저 일상에 늘 있을 법한 사소한 일인지, 아니면 걱정을 한다고 해도 우리 힘으로는 어쩔 수 없는 일인지 분류해 본다. 그리고 나머지 걱정해서 해결될 일에 매달려 고민하고 해결 방안을 찾아내는 것이, 걱정할 필요 없는 일에 시간을 낭비하는 것보다 훨씬 능률적으로 걱정에 대응하는 것이 될 것이다.

걱정의 40%는 실제로 일어나지 않으며, 30%는 이미 일어난 과거, 22%는 사소한 일, 4%는 우리 힘으로 해결할 수 없는 일로 결론적으로 96%가 하지 않아도 될 걱정이라고 한다. 그렇다면 우리는 쓸데없이 많은 걱정으로 시간을 낭비하지 말고, 실제로 걱정할 필요가 있는 나머지 4%에 집중과 선택을 하는 것이 문제 해결의 가장 합리적인 방법이 될 것이다.

3) 땀 흘려 운동하고 샤워한다.

걱정을 없애는 방법 중에 가장 많이 선택하는 방법이 운동이 아닐까 생각된다. 나는 입사 후 테니스를 10년 정도 했는데 허리가 아파서 요가를 3년 동안 했으며, 허리 근육 강화에 수영이 좋다고 해서 수영을 배우기 시작했지만 중이염으로 고생하다가 6개월 만에 포기했다.

2005년부터는 골프 붐에 편승하여 골프를 시작했는데 10년 만에 다시 허리에 무리가 되는 것 같아서 대신 탁구를 시작했으며, 평일에는 일과 후 직장 동료들과, 주말에는 교인들과 탁구를 하면서 운동도 하고 스트레스도 날리고 있다. 골프는 많은 시간과 돈이 필요하지만 탁구는 라켓 하나만 있으면 언제 어디서든지 간단하게 할 수 있고, 땀을 흠뻑 흘릴 수 있어서 좋으며, 운동 후의 샤워는 쌓였던 스트레스를 저 멀리 날리기에 충분하다.

4) 산책을 한다.

에스키모인들은 자기 내부의 슬픔, 걱정, 분노가 밀려올 때면 무작정 걷는다고 한다. 슬픔이 가라앉고 걱정과 분노가 풀릴 때까지 하염없이 걷다가 마음의 평안이 찾아오면 그곳에서 되돌아오는데, 돌아서는 바로 그 지점에 막대기를 꽂아 둔다.

살다가 또 화가 나서 분노를 다스리기 어려울 때 같은 곳을 걷기 시작하는데, 이전에 꽂아 둔 막대기를 발견한다면 전보다 더 화가 났다는 뜻이고, 그 막대기를 보지 못하고 돌아온다면 그래도 견딜 만하다는 뜻이 된다. 화가 났거나 스트레스에 시달릴 때 떠올려 보면 도움이 될 것 같다.

5) 나만의 목표를 갖는다.

목표가 있으면 그날그날 해야 할 일이 있을 것이며, 목표에 집중하다 보면 스트레스를 느낄 만한 시간적 여유도 사라질 수 있다. 목표를 하나둘 달성해 가면서 느끼는 기쁨으로 매사 긍정적인 사고를 하게 되며, 낙천적인 성격으로 변하여 스트레스와 영원히 이별할 수 있을 것이다.

• 실수를 용서하는 배려의 힘

'**프레임의 법칙**'이란 똑같은 상황에서 어떠한 틀을 갖고 상황을 해석하느냐에 따라 사람들의 행동이 달라진다는 법칙이다.

한 교사가 매일 지각을 하는 학생에게 회초리를 들었다. 어쩌다가 한 번이 아니라 날마다 지각하는 학생이 괘씸해서 회초리를 든 손에는 더욱더 힘이 들어갔다.

다음 날 아침, 교사는 자전거를 타고 학교에 출근하다가 늘 지각하는 그 학생을 우연히 보게 되었다. 한눈에 봐도 병색이 짙은 아버지가 앉은 휠체어를 밀고 학생은 요양시설로 들어가고 있었다. 그 모습을 본 순간 교사는 가슴이 먹먹해졌으며, '**지각은 곧 불성실**'이라는 생각에 이유도 묻지 않고 무조건 회초리를 든 자신이 부끄러웠고 자책감이 들었다.

알아보니 가족이라고는 아버지뿐인 학생은 날마다 학교에 오기 전에 아버지를 요양시설에 모셔다 드리고 방과 후엔 정성을 다해 아버지의 병수발을 하고 있었던 것이었다.

아버지를 지켜 드려야 하는 학생은 요양시설이 문을 여는 시간이 정해져 있었기 때문에 요양원이 문을 여는 시간에 맞추어 아버지를 모셔다 드리고, 100미터 달리기 선수처럼 뛰어서 학교로 달려왔지만 어쩔 수 없이 매일매일 지각할 수밖에 없던 것이었다.

그날도 어김없이 지각을 한 학생은 교사 앞으로 와서 말없이 손바닥을 내밀었다. 그런데 교사는 회초리를 학생의 손에 쥐어 주고 오히려 자신의 손바닥을 내밀었고, 회초리를 들고 울먹이는 제자에게 정말 미안하다라는 말과 함께 따뜻하게 끌어 안고서 두 사람은 함께 울었다.

누구라도 실수는 할 수 있다. 그러나 누구나 다른 사람의 실수를 너그럽게 용서해 주는 것은 아니다. 다른 사람의 실수를 용서하고 감싸줄 수 있는 배려심이, 어둡고 삭막한 세상을 따사롭고 행복이 가득한 살맛 나는 세상으로 바꿀 수 있으며 **'용서는 돈이 들지 않는 미래를 보장해 줄 수 있는 확실한 보험'**이다.

・**화내는 사람의 세 가지 유형**

인도인들은 화내는 사람을 보면 다음과 같이 3가지 유형으로 사람을 구분한다고 한다.

1) 인격적으로 '미성숙한 사람'이라고 판단한다.

인도 초등학교에도 우리처럼 도덕 시간이 있다. 이 시간에는 빨간불이 켜졌을 때 찻길을 건너면 안 되고, 길에 쓰레기를 버리면 안 된다는 식의 공중도덕을 배우는 것이 아니다. 그 시간에는 주로 힌두교 신들의 이야기를 배운다. 성경이나 불경, 논어에서 많은 인생 교훈을 배우듯이 인도인은 이러한 신화 또는 전승을 통해서 내면적 가치관을 배운다. 그중에 핵심이 화를 내면 안 된다는 것이다. 직접적으로 화내지 말라고 가르치는 것이 아니라 화를 내는 것을 무의식 속에서 정죄하는 분위기다.

아이들이 서로 싸우거나 말다툼을 하면 전통교육에 익숙한 부모들은 자녀들에게 1부터 10까지 수를 세라고 가르친다. 화가 머리끝까지 치밀어 올랐을 때 하나부터 열까지 세다 보면 화가 반감되어 분노로 인한 최악의 결정을 피하게 된다. 이렇듯 인도인은 어릴 적부터 아무리 상황이 불합리해도 화를 내는 것이 좋지 않은 결정을 가져온다는 것을 몸으로 익힌다.

2) 화내는 사람은 힘이 없다고 판단한다.

그래서 상대방의 얼굴색이 붉으락푸르락 변하고 소리를 칠 때 겁내는 것이 아니라 '이 사람은 현재 좌절하고 있구나.'라고 판단한다. 호랑이는 다른 동물을 만날 때 힘이 있기 때문에 요란하게 굴지 않는다. 그러나 닭은 힘이 없기 때문에 날개를 푸드덕거리며 홰를 친다. 그 힘이 정치력이든, 행정력이든, 사회 지위에서 오는 힘이든, 금력이든, 정신력이든 화를 내는 상대는 힘이 없다고 판단하는 것이다.

3) 화내는 사람은 자기 잘못을 감추려고 화를 내고 있다고 인지한다.

화를 내는 것은 자신에게 오류가 있을 때 그것을 가리기 위한 것이라고 생각하는 것이다. **'방귀 뀐 놈이 성 낸다'**라는 속담처럼 자기가 교통신호를 지키지 않고 적색 램프가 켜져, 멈춰 있는 앞차와 충돌하고 앞차 운전수에게 화를 내는 격이다.

스트레스를 잘 받는 사람들은 화를 잘 내는 경향이 있다. 사소한 일에 화를 잘 내고, 후회를 하면서 스스로를 용서하지 못하고 또 스트레스를 받는다. 물리적인 화를 잘못 다스리면 집을 태우고, 마음의 화를 잘못 다스리면 인생을 태우는 법이다.

분노를 피할 수 있는 요령 하나를 추천해 달라고 하면, 나는 책 읽기를 권장하고 싶다. 독서를 꾸준히 하다 보면 자기도 모르는 사이에 세상을 보는 관점도 달라지고, 시야도 넓어지면서 일희일비하는 일이 줄어든다.

한마디로 그릇이 커져서 편협하고 옹졸한 마음을 바꿀 수 있으며, 분노를 조절하는 능력이 향상된다.

*"노하기를 더디 하는 자는 용사보다 낫고, 자기의 마음을 다스리는 자는 성을 빼앗는 자보다 나으니라."*_「잠언」16장 32절

이타적인 삶을 사는 멘토

포스코는 '더불어 함께 발전하는 기업시민'이라는 경영이념을 바탕으로 신뢰와 존경받는 영속기업으로 발전하기 위해 임직원 모두가 노력하고 있으며, 이를 실천하기 위해 주말을 이용하여 다양한 봉사활동을 진행하고 있다.

멘티가 부서에 배치되면 부서에서 진행하고 있는 다양한 봉사활동에 참여하게 되는데 만약에 멘토들이 긍정적이고 자발적으로 봉사활동을 하지 않으면, 멘티들도 봉사활동 시간이 행복한 시간이 아니라 지겨운 시간으로 기억될 수 있다. 따라서 멘토들이 우선 솔선수범하여 봉사가 부담이 아니라 행복이라는 것을 일깨워 줄 필요가 있다.

나는 **'광양제철 웃음·마술 재능봉사단'** 고문으로 주변의 마을회관, 복지관, 요양원 등을 돌면서 웃음·마술·율동·노래로 행복한 광양시를 만들어 가는 데 동참하고 있으며, 봉사활동을 통해 보람과 행복을

느끼고 있다. 그리고 2020년부터는 코로나로 인해 실내에서 모이기 힘들어져 **'금빛소리 그린봉사단'**을 만들어 해안가 쓰레기 줍기를 시작했다.

이러한 봉사활동의 최대 수혜자는 다른 사람이 아닌 바로 내가 아닐까 생각된다. 그 이유는 기타·마술·노래 등을 배우게 된 계기가 바로 봉사활동이기 때문이다. 어르신들을 기쁘게 해 드리기 위해 매주 목요일 저녁에 웃음·마술·율동을 연습하였고, 국제웃음치료협회에서 진행하는 웃음치료사, 마술 등 10개 이상의 민간 자격증을 취득할 수 있었다.

세계적으로 잘 알려진 의사이자 철학자인 알버트 슈바이처 박사는 이런 말을 남겼다.

"나는 당신의 운명이 앞으로 어떻게 될지에 대해서는 알지 못한다. 그러나 한 가지는 분명히 알고 있다. 당신들 가운데 진정으로 행복해질 사람은 남에게 봉사하는 방법을 구하고 찾아내는 사람이라는 것을."

행복과 성공은 그 자체를 목적으로 하는 사람들에게 주어지는 것이 아니고, 맡은 일에 최선을 다하려고 애쓰는 사람에게 주어지며, 땀 흘리고 목표를 추구하는 가운데 찾아오는 것이다. 다른 사람들을 즐겁게 해 주면 그 즐거움이 부메랑이 되어 우리 자신도 즐거워지므로 **이타적인 삶**이 행복에 이르는 길이다.

• 더 큰 행복으로 가는 길, 이타심

우리 모두는 행복하기 위해 살아가며, 행복을 뇌 과학 측면에서 보면 호르몬의 작용이다. 도파민과 세로토닌이라는 행복호르몬이 행복의 감정을 주관하고 있으며, 도파민은 목표를 정하고 그 목표가 달성되었을 때 많이 분비되지만, 흡연으로 인해 흡수되는 니코틴이나 마약으로 인해 느끼는 환각도 도파민을 활성화시켜서 쾌감을 느끼게 한다.

도파민은 중독성이라는 부작용이 있어 도파민이 분비될수록 점점 더 강한 자극을 원하게 되어, 흡연이나 마약에 일단 손을 대면 빠져나오기 힘들고 도파민이 과다하게 분비되면 조울증, 부족하게 분비되면 우울증에 걸리기 쉽다. 반면 세로토닌은 도파민에 의해서 자극된 뇌를 이완시켜 주며, 이타적인 삶을 살거나 나눔을 실천할 때 가장 왕성하게 분비되어, 봉사활동을 하면 행복한 감정을 느끼게 되는 것이다.

이처럼 자신의 자아실현을 위해 노력하고 성취하며 행복감을 느끼고, 성취의 과정이나 결과에서 얻은 것들을 나눈다면 더 큰 행복을 만나게 될 것이다. 인간의 욕망은 끝이 없다. 따라서 정말로 행복해지고 싶다면 자신의 성공만을 위해 앞만 보고 달리지 말고 주변을 보면서, 더불어 살아가는 방법을 배워야 한다.

• 베푸는 사람이 성공한다

28세 때 와튼 스쿨 최연소 종신교수가 되어 '베푸는 사람이 성공한다'라는 주제의 『Give and Take』를 쓴 애덤 그랜트에 의하면, 사람들은 받은 것보다 더 많이 주기를 좋아하는 'Giver'와 준 것보다 더 많이 받기를 바라는 'Taker', 받은 만큼 되돌려주는 'Matcher' 3가지 유형으로 분류된다고 한다.

1) Give & Take : 성공한 사람들로, 먼저 제공하고 나중에 받는다.
2) Take & Give : 평범한 사람들로, 받고 나서야 나중에 제공한다.
3) Take & Take : 실패한 사람들로, 받기만 하고 주지는 않는다.

Taker의 특징은 자기가 늘 손해 보는 Giver인 줄 착각하고 불평하며 살고, Giver는 Taker라고 생각하고 늘 감사하며 나누는 삶을 살고 있다고 한다.

평생 다른 사람들을 위해 헌신적인 삶을 사셨던 마더 테레사 수녀는, 평생 받기만 하다가 삶을 마치게 되었다고 세상에 감사하면서 눈물 흘리셨다고 한다. 이렇게 평생 다른 사람들을 위해 사는 삶, 즉 이타적인 삶을 살았던 사람들은 감사하면서 마지막을 정리하는 데 반해, 세상을 악하게 살았던 범죄자들의 인터뷰를 보면 세상이 나를 버렸기 때문에 죄를 지을 수밖에 없었다고 말한다.

미국의 석유 사업가 록펠러는 50대에 1년밖에 못 살 것 같다는 이야기를 듣고 병원을 나서다가 우연히 접수실에서 아기를 안고 살려 달라며 애원하는 아주머니와 수술비가 없으면 안 된다는 병원 측 담당자의 모습을 목격한다. 그는 비서를 시켜 수술비 전액을 지불하도록 하여 소중한 생명을 구하였고 그동안 무자비하게 타 기업을 인수 합병하여 부자가 되었을 때는 맛보지 못했던, 베풀며 사는 자의 기쁨을 알게 된다. 그 후 엄청난 금액을 사회에 환원하고 복지 재단을 설립하는 등 베푸는 삶을 살게 된 록펠러는 1년밖에 살 수 없다던 의사의 통고와 달리 기적적으로 장수하여 97살까지 살았다.

• 이기적인 삶과 이타적인 삶

우리는 어떤 일의 순서를 정할 필요가 있거나 승부가 잘나지 않을 때 시간을 절약하기 위해 '가위바위보'로 순서를 정하거나 승부를 결정하는 경우가 종종 있다.

가위는 물건을 자르는 도구로 보(보자기)를 자를 수 있으므로 보를 낸 사람에게는 승리하지만, 주먹으로 가위를 부러뜨릴 수 있으므로 주먹을 낸 사람에게는 패하게 된다. 또한 주먹은 가위에게는 이길 수 있지만 보를 낸 사람에게는 보자기에 싸여서 꼼짝 못하고 패하게 되는 게 임규칙이다.

가위바위보 게임을 인간관계와 연관시켜 생각해보면 다음과 같이 말할 수도 있다. 먼저 가위는 자기의 마음에 들지 않으면 모두 잘라 버리므로 가위 곁에는 필요할 때 충언해 줄 친구도, 함께 놀아 줄 친구도 없다.

그리고 바위는 주먹으로 자기 마음에 들지 않으면 모두 부숴 버리겠다는 표현이며, 갖고 있는 것을 움켜쥐고 살다 보니 가위와 마찬가지로 가까이하고 싶어 하는 사람이 없어 항상 외롭다.

그러나 보자기를 의미하는 '보'는 그 의미가 사뭇 다르다. 보를 내기 위해서는 우선 손을 펴야 하며, 손을 편다는 것은 상대방에게 악수를 청할 수 있고 넘어진 사람을 일으켜 세울 수 있으며, 어려운 사람에게 도움의 손길을 나누어 줄 수 있다. 이렇게 '보'는 가위와 주먹이 하지 못하는 많은 좋은 일을 할 수 있다.

가위처럼 무정하게 모든 것을 잘라 버리려고 하거나 주먹처럼 모든 것을 움켜쥐고 자신만을 생각하는 '**이기적인 삶**'이 아니라 손을 활짝 펴고 모든 사람의 허물과 상처를 감싸 줄 수 있는 '**이타적인 삶**'을 살아가는 우리 모두가 되었으면 한다.

인간은 혼자가 아니다. 함께하기 때문에 인간이며, 함께하면 이루지 못할 것이 아무것도 없다.

작은 일에 최선을 다하는 멘토

'**물경소사(**勿輕小事**)**'란 중요하지 않은 일, 즉 작은 일을 가볍게 여기지 말라는 뜻으로, 작은 일에도 정성을 다해야 한다는 의미를 가지고 있다. 만약에 중요한 일이 아니라고 해서 대충 하는 습관이 생기게 되면, 중요한 일도 가볍게 생각하고 처리하다가 크나큰 실수를 저지를 수 있기 때문이다.

• 작은 일을 중요시해야 하는 이유

공장 건설 초기에 일본인 기술자와 함께 일한 경험이 있는데, 업무에 있어서만큼은 기본을 철두철미하게 준수한다는 것을 알 수 있었다. 그들은 현장에서 기계를 조립하다가 볼트를 떨어트려 찾지 못하면 사무실까지 가서 볼트를 가져다가 조립하는 반면, 우리나라 작업자들은 볼트 하나쯤 없어도 지금 당장 기계가 동작하는 데 문제가 없다면 볼트가 부족한 상태로 조립한다. 그러나 대형 송전탑이나 철교도 빠진 볼트와 풀린 볼트가 원인이 될 수 있다는 것을 간과해서는 안 된다.

문짝을 설치할 때는 경첩을 사용하는데 대부분 볼트 4개로 경첩을 고정하도록 되어 있다. 그러나 볼트를 3개만 사용해서 고정하고 하나는 빈자리로 남겨 둔 곳을 어렵지 않게 발견할 수 있다. 당장은 문제가 없겠지만 오랫동안 사용하다 보면, 볼트 4개를 사용하여 정상적으로 고정한 문짝보다 일찍 고장 날 수밖에 없다.

• 행복한 성공의 첫걸음, 인사

인사하는 것도 어떻게 보면 작은 일이지만 인사를 잘하는가 못하는가에 따라 그 사람의 평가는 크게 달라진다. 사람들은 흔히 '**인사가 만사**'라고 생각하여, 인사성이 밝은 사람은 조직 생활은 물론 업무도 잘할 것이라고 믿는 경향이 있다. 따라서 신입사원 예절 교육에도 반드시 인사 예절 교육이 포함된다. 마찬가지로 현장에서도 멘티들에게 반드시 선배사원들에게 인사를 잘하도록 멘토링을 해야 한다. 인사를 잘함으로써 얻을 수 있는 효과를 열거해 보면 다음과 같다.

1) 인사를 하면 마음이 흐뭇해진다.

어려서부터 어른들을 만나면 인사 잘하라는 교육을 받았기 때문에 인사를 하고 나면 착한 사람이 된 것 같은 마음이 들어 기분이 좋아진다.

2) 인사를 받은 사람도 기분이 좋아진다.

상대방으로부터 인사를 받게 되면, 자기를 인정해 주는 것 같고 존경받는 느낌이 들어 기분이 좋아진다.

3) 상대방에게 좋은 인상을 심어 준다.

인사를 잘하면 첫인상이 좋게 남아, 초두효과(初頭效果) 때문에 인간성도 좋을 것이라는 인상을 심어 준다.

4) 대인관계가 좋아진다.

인사는 상대방을 존경하는 뜻으로 인식되므로, 인사를 함으로써 상대방의 기분을 좋게 하여 많은 사람들과 좋은 관계를 유지할 수 있다. 따라서 직장 내에서 인사는 그가 속한 조직에서 잘 적응하느냐 그렇지 못하냐가 결정되는 매우 중요한 일로, 인사가 행복한 성공의 첫걸음이 될 수 있다.

작은 물방울이 모여 큰 바다를 이루듯이 작은 일이 모여서 큰일이 되는 것이며, 작은 일을 소홀히 하다 보면 그 행동이 습관이 되고 결국은 큰일도 정성을 다하지 못하게 될 수 있으므로, 작은 일부터 정성을 다하는 습관을 들여야 한다.

기술교육센터에서 신입사원 교육을 받은 직원 중에 어떤 사원은 만날 때마다 반갑게 인사하는 사원이 있는가 하면, 분명히 나에게 교육을 받았는데도 모르는 사람처럼 지나쳐 버리는 사원도 있다. 만약에 내가 사장이라면 업무를 함께해 보지 않았더라도 당연히 인사성 좋은 인턴을 직원으로 뽑아 줄 것이다.

인사는 돈이 들지 않는 비즈니스로, 자기를 좋은 이미지로 만드는 가장 손쉬운 홍보 방법 중에 하나이다. 회사에서 진행하는 비즈니스 매너 교육에는 인사 예절을 기본적으로 가르치고 있는데 그 이유는 짧은 시간 동안 그 사람의 인격을 판단할 수 있는 것이 인사이기 때문이다. 사회생활을 하는 데 있어서 인사만 잘해도 50%는 먹고 들어간다는 이야기가 있을 정도로 인사의 중요성은 아무리 강조해도 지나치지 않다.

가령 아파트 엘리베이터에서 웃으면서 인사하는 어린아이들을 보게 되면, 그 집 부모가 누구인지 몰라도 가정교육을 잘 시켰구나 하는 생각과 더불어 아이 부모님 역시 친절하고 상냥하며 인사성이 밝을 것이라고 생각하게 된다. 인사를 잘하는 것도 반복된 습관이며, 무엇보다 평소 몸에 배어 있지 않으면 잘 되지 않는다.

• 후광이냐 낙인이냐, 약속의 효과

여기에 또 하나 작은 일이라고 생각하지 말아야 할 것이 약속이다. 많은 사람들이 약속 시간을 가볍게 여기고 약속 시간에 늦거나 잊어버리는 경향이 있는데, 이는 매우 잘못된 습관이다. 약속은 신용카드와 마찬가지로 약속을 잘 지키지 않으면 신용불량자로 추락할 수 있으므로 항상 조심해야 한다.

특히 우리나라의 경우 부끄럽게도 'Korean Time'이라는 말이 나올 정도로 약속 시간을 가볍게 여기는 경향이 있다. 요즘과 같이 복잡하고 다양한 세상을 살다 보면 약속을 해 놓고도 깜빡할 수도 있지만,

한두 번도 아니고 자주 약속을 어기게 되면 신용이 떨어져 사회활동에 매우 나쁜 영향을 주게 된다.

멘티들이 싫어하는 멘토 중 하나가 멘티와의 약속을 까먹거나 지키지 않는 사람이다. 상급자와의 약속이라면 잊지 않고 반드시 지켰을 텐데, 멘티와의 약속이라 별로 중요하게 생각하지 않기 때문이다. 멘토가 약속을 잘 지키지 않으면, 신뢰가 깨지고 멘토링에 매우 부정적인 영향을 주므로 가벼운 약속이라도 반드시 지켜야 하는 습관이 필요하다.

시간을 준수하고 약속을 잘 지키는 것이 작고 사소한 일같이 느껴질지 모르지만 사회생활에 있어서 만큼은 절대로 사소한 일이 아니다. 약속을 잘 지키는 사람은 후광효과(halo effect)로 어려운 일을 맡겨도 잘 해낼 것이라는 믿음을 심어 주지만, 약속을 잘 지키지 않는 사람은 신용이 없기 때문에 중요한 일을 맡길 수 없게 되어 성공에 큰 장애 요소가 된다.

또 약속은 그 사람의 신뢰도를 나타내는 지표로서, 약속을 자주 어기면 다른 사람들에게 신용불량자로 낙인찍혀 사회생활에 막대한 지장을 초래하게 된다. 그러니 어떤 일이든 충분히 생각하지 않고 쉽게 응낙하면 안 된다.

어쩌면 이 때문에 깐깐하다고 비난받을지도 모른다. 그러나 약속을 했다가 지키지 못하면 신용이 없는 사람, 혹은 불성실한 사람으로 낙인 찍히거나, 더 나아가 친구도 잃고 인생을 망칠 수 있으니 조심해야 한다.

• 약속을 위한 작은 캠페인, 큰 실천

포스코에서는 기본 실천 캠페인으로 **'No Show 안 하기 운동'**을 펼치고 있다. 'No Show'란 외식·항공·호텔 업계 등에서 예약을 한 후 취소한다는 의사 전달도 없이 예약 장소에 나타나지 않는 손님을 표현하는 용어로 **'예약 부도'**라고도 한다. 각종 업계는 No Show로 인해 연간 4.5조 원의 매출 손실이 발생되며, No Show 비율이 유럽의 경우 4~5% 정도인 데 비해, 우리나라는 15% 정도로 매우 높다고 한다.

역시 포스코도 사내·외 휴양 시설을 예약해 놓고 사용하지 않는 사람들 때문에 정작 필요한 사람들이 이용할 기회조차 얻기 힘들어서, 사용 실적에 따라 점수를 차감하는 방식으로 운영 방식을 변경한 후 사용률이 매우 높아졌다.

직무교육에서도 No Show율이 40%로 매우 높았으나 교육 시작일 일주일 전에 교육 입과 및 취소를 결정할 수 있도록 자동으로 메일을 발송하는 교육시스템을 구축한 결과, No Show율이 5% 이내로 감소했다.

약속은 누구나 쉽게 할 수 있지만, 그 약속을 지키는 일은 아무나 할 수 있는 일이 아니다.

*"약속을 지키는 최선의 방법은 약속을 하지 않는 것이다."*_나폴레옹

준비하는 멘토

멘티들이 좋아하는 멘토 유형 중에 하나가 '**비전과 꿈**'을 심어 주는 멘토다. 미래의 불확실성 때문에 현실에서 무엇을 어떻게 준비해야 하는지 잘 몰라서 늘 불안하므로 멘토는 그동안 회사 생활을 하면서 어떤 준비를 하였고, 그 준비한 것이 회사 생활에 어떤 긍정적인 영향을 주었는지에 대한 경험을 공유할 필요가 있다.

• 언젠가 주어질 기회를 위해

나는 회사에 다니면서 교육대학원에서 2.5년 동안 교육학을 공부하였으며, 교사자격증을 취득하기 위해 휴가를 내고 회사 근처에 있는 고등학교로 교생 실습을 나간 적이 있다. 담임 선생님이 나를 소개하자, 한 학생이 손을 들더니 "실습을 마치고 나면 정말로 교사가 되실 것입니까?"라고 질문을 하는 것이었다.

예상치 못한 질문에 잠시 당황 했지만 주저 없이 **"현재 포스코에 다니고 있으며, 교사자격증을 취득하려면 교생 실습을 마쳐야 하기 때문에 오게 되었다. 교사자격증을 취득하더라도 지금처럼 회사를 계속 다닐 것이며, 자격증을 취득하고자 하는 이유는 역량을 키워서 언젠가 기회가 오면 강의를 하고 싶기 때문이다."**라고 대답을 했던 기억이 떠오른다.

지금 와서 생각해 봐도 대답을 잘했다는 생각이 든다. 주경야독으로 몸은 고단했지만 그때 준비했던 것이 지금 강의하는 데에 큰 도움이 되고 있다.

많은 사람들이 당장 눈에 보이는 기회를 향해 도전한다. 그러나 기회가 눈앞에 보일 때는 이미 준비된 사람들이 그 기회를 차지해 버리기 때문에 기회를 잡을 확률은 거의 없다. 반면 지금은 보이지 않지만 미래를 예측하고 다른 사람들보다 한발 앞서서 준비하는 사람은 그만큼 성공할 확률이 높아진다.

준비된 사람이 기회를 만나면 성공하지만, 준비되지 않은 사람이 기회를 만나면 그림의 떡이다. 그러므로 재능을 발휘할 기회를 활용하고 싶다면 기회가 올 때를 대비해서 준비해야 한다. 미래가 보이지 않는다고 아무런 준비를 하지 않으면, 기회가 온다 한들 이미 늦은 것이 된다.

준비를 한다는 것은, 언제 사용할지 모르지만 앞으로 주어질 기회를 대비하여 능력을 키워 놓는 것이다. 특히 준비하는 데 많은 시간이 필요한 외국어 능력은 언제 사용할지 모르더라도 미리 준비할 필요가 있다. 어학 실력이 없는 직원에게 해외에서 근무할 기회를 줄 회사는 거의 없기 때문이다.

• 기회의 신 카이로스 조각상의 비밀

이탈리아 북부 토리노 박물관에 가면 아래와 같은 조각이 있다. 이 조각의 앞머리는 머리숱이 무성하고, 뒷머리는 대머리인 데다가 목덜미와 발에는 날개가 있으며, 실오라기 하나도 걸치지 않은 상태로 엉거주춤 서 있는 모습이다. 관광객들은 이 조각을 보고 처음에는 모두 웃지만, 그 밑에 새겨진 다음과 같은 글을 읽고 감명을 받는다고 한다.

"앞머리가 무성한 이유는 사람들이 나를 보았을 때 쉽게 붙잡을 수 있도록 하기 위함이고, 뒷머리가 대머리인 이유는 내가 지나가면 사람들이 다시는 나를 붙잡지 못하도록 하기 위함이며, 발에 날개가 달린 이유는 내가 최대한 빨리 사라지기 위함이다. 나의 이름은 '기회'다."

기회의 신 카이로스는 머리 뒷부분이 대머리처럼 밋밋한 이상한 헤어스타일을 하고 있다. 좋은 기회가 찾아오면 재빨리 붙잡아야지, 그

출처: 역경은 기회의 다른 모습, 임창덕, 충청일보, 2013.09.15

렇지 않으면 붙잡고 싶어도 잡을 수 없다. 기회가 찾아왔을 때 미처 준비되지 않아 그냥 지나쳐 버리도록 놔둔다면, 두고두고 후회하는 삶을 살게 될 것이다.

• 준비된 자가 행운을 만난다

동계올림픽 최고 행운의 금메달리스트 스티븐 브래드버리는 2002년 동계올림픽 남자 쇼트트랙 1,000M에 출전한 노장으로 준준결승전에서 꼴찌로 달리다 한 선수가 넘어져 3등으로 통과했지만 앞서 들어온 2명 중 한 명이 반칙으로 처리되어 운 좋게 준결승에 진출한다.

준결승에서도 우리나라의 김동성과 중국의 리자쥔 등을 만났기 때문에 결승 진출 가능성은 희박해 보였다. 그러나 선두 경쟁을 하던 선수들이 무더기로 넘어지면서 또다시 운 좋게 결승전에 진출한다. 물론 결승전에서도 우리나라의 안현수 선수를 비롯하여 미국의 오노, 중국의 리자쥔 등 쟁쟁한 선수들이 기다리고 있었기 때문에 주목받지 못했다.

예상대로 꼴찌로 레이스를 벌이고 있었는데, 마지막 바퀴에서 앞서 가던 4명의 선수가 무더기로 넘어지면서 기적같이 어부지리로 1위로 골인하며 동계올림픽 역사상 오스트레일리아의 첫 금메달의 주인공으로 영웅이 되었다. 물론 행운이 여러 번 겹쳐서 찾아온 기적이지만 브래드버리 선수의 그동안의 경력을 살펴보면 그저 행운으로만 여기기는 어렵다.

1994년 릴레함메르 동계올림픽 1,000M에서 넘어지면서 큰 부상을 당했으며, 1998년 나가노 동계올림픽에는 예선 탈락, 2002년 동계올림픽을 앞두고 목뼈를 크게 다쳐 선수 생활을 접어야 할 상황에서도 포기하지 않고 묵묵히 준비하고 자신만의 레이스를 펼친 끝에 이렇게 큰 행운을 얻게 된 것이다. 이렇게 성공은 '준비된 자가 행운'을 만나는 것이다.

여훈 작가의 『최고의 선물』 중에 좋은 글이 있어 적어 본다.

"구석을 보라. 기회는 언제나 있다.
기회가 없다고 말하지 마라. 다만 보지 못할 뿐이다.
기회를 놓쳤다고 아쉬워하지 마라. 기회는 시내버스보다 자주 온다.
남들이 기회를 모두 차지해 버렸다고 억울해하지도 마라.
내가 찾는 한 그것은 고갈되지 않는다.
시험에 붙은 것도 기회지만 떨어진 것도 기회다.
승진도 기회지만 유급도 기회다.
돈이 많은 것도 기회지만 돈이 없는 것도 기회다.
세상의 모든 것이 기회다."

노력이 반드시 성공을 보장하는 것은 아니다. 하지만 노력하지 않으면 실패할 수밖에 없다. 준비하는 자가 반드시 성공하는 것은 아니다. 하지만 준비되지 않은 사람이 성공할 확률은 전혀 없다. 성공은 준비된 자의 이름이며, 실패는 아무것도 도전하지 않는 자의 이름이다.

바람개비는 바람이 불지 않으면 돌지 않는다. 그렇다고 바람이 불어올 때까지 기다리고 있는 것은 매우 어리석은 짓이다. 바람이 불지 않을 때는 내가 달려가서 바람을 일으켜 바람개비를 돌리면 된다. 실패 없는 성공은 존재하지 않으므로 실패와 성공은 한 쌍이다. 따라서 실패를 두려워해선 안 된다.

빌 게이츠는 **"나는 힘센 강자도 아니고, 그렇다고 두뇌가 뛰어난 천재도 아닙니다. 날마다 새롭게 변했을 뿐입니다. 그것이 나의 성공 비결입니다. Change의 g를 c로 바꾸면 Chance가 되지 않습니까."**라고 이야기했다. 변화 속에는 반드시 기회가 숨어 있기 마련이다. 변화를 두려워하지 말고 변화에 먼저 앞장서서 나가다 보면 다른 사람들보다 성공할 확률이 높아진다.

• 기회의 수는 준비의 양과 비례한다

포스코는 1990년 초에 6시그마(제품 100만 개당 3.4개 이하의 결함 발생 수준을 목표로 하는 거의 무결점 수준의 품질을 추구하는 제도)를 도입했으며, 도입 초기에 6시그마 제도를 빠르게 정착시키기 위해서 많은 혜택을 주었는데, 그중에 하나가 성과급 지급이었다.

GB(Green Belt)나 BB(Black Belt) 과제를 성공적으로 마치고 나면 6개월 후 1차 성과 보상을 지급하고, 1년 후가 되면 2차 성과 보상을 지급했으며 성과 검증 결과, S급은 250만 원, A급은 200만 원을 과제 수행자에게 지급했다.

제도가 도입되고 초창기에는 과제를 수행하는 방법도 잘 모르고 과제만 수행하는 BB 과제와 달리 본인의 업무를 수행하면서 진행해야 하는 GB 과제의 경우, 선뜻 나서서 하려는 사람이 별로 없었다. 그러나 나는 상급자의 추천을 받고 변화에 앞장서기로 마음먹고, GB 과제 2개를 수행해서 모두 A급으로 인정받아 두둑하게 성과급을 받았다. 이후 6시그마가 제도적으로 안정된 후에는 직원 모두 6시그마 과제를 수행하게 되었으나 성과 보상은 더 이상 없었다.

새로운 제도가 도입될 때는 제도를 조기에 정착시키기 위해서 많은 보상이 따르지만, 어느 정도 제도가 본궤도에 올라서면 보상이 줄어들거나 없어지는 경우가 대부분이다. 따라서 어차피 해야 할 일이라면 두려워하거나 망설이지 말고 다른 사람들보다 먼저 시도하는 것이 더 큰 열매를 얻을 수 있는 절호의 기회임을 알아야 한다.

아는 것이 힘이 아니라 실천하는 것이 힘이고, 변화를 감지하는 것이 성공이 아니라 변화를 알아채고 무언가를 실행하는 자가 성공한다. 어제와 다른 오늘을 살 때 희망이 보이며, 그 희망 속에 성공의 열쇠인 기회가 숨어 있음을 기억하자. 기회가 많고 적음은 준비의 양과 비례한다.

• 빠른 순발력의 비결은 준비하는 자세에 있다

나와 함께 탁구나 배구를 했던 동료들은 나에게 순발력이 매우 좋다고 말한다. 물론 순발력이 전혀 없는 것은 아니지만 사실 좀 더 중요한 다른 이유가 있다고 본다.

배구를 예를 들어 보면, 오른쪽이나 왼쪽 공격수 뒤에 위치하는 것을 선호하는데, 이유는 공격수가 스파이크를 때리면 상대편 블로킹에 의해 볼이 네트 근처에 떨어질 경우가 많아, 볼이 상대편 공격수의 블로킹을 맞고 다시 우리 코트로 넘어올 것을 대비해서 자세를 낮추고 준비할 수 있는 포지션이기 때문이다.

탁구도 단식보다는 비교적 복식을 잘하는 편인데, 단식의 경우 상대의 공격 속도가 빠르기 때문에 준비할 시간이 부족하지만, 복식은 혼자가 아니고 둘이서 교대하면서 플레이를 하므로 단식에 비해 비교적 준비할 시간이 많아서 어떻게 대처하느냐에 따라 상대편의 빠른 공격도 어렵지 않게 수비할 수 있다.

결론은 나는 순발력이 뛰어난 것이 아니고, 다른 사람들보다 준비하는 자세가 좋은 것이다. 게임 중에 발생할 수 있는 모든 가능성을 염두에 두고, 철저히 준비하는 것이다.

• 지금 이 순간이 기회다

어느 날, 소크라테스는 학생들을 보리밭으로 데리고 가서 가장 좋은 보리 이삭을 따 오도록 했다. 단 하나만 딸 수 있고 되돌아가도 안 되며, 한 번 이상 선택할 수 없다고 이야기했다. 이에 학생들은 열심히 보리 이삭을 골랐으며, 소크라테스가 밭 앞에서 기다리고 있다가 잘 골랐는지 물었다.

한 학생이 말하기를 "선생님, 저는 시작하자마자 아주 크고 잘 여문 보리 이삭을 땄습니다. 그러나 얼마 멀리 가지 않아 더 큰 것이 보이는 듯해서, 먼저 딴 것을 버렸습니다. 하지만 처음 것이 가장 좋았다는 것을 알았습니다."

또 한 학생이 "앞으로 가면 더 크고, 더 좋은 것을 만날 수 있을 거라고 생각하고 계속 고르기만 하다 결국 아무것도 딸 수 없었습니다."라고 말하자 소크라테스는 "우리 인생도 마찬가지로 기회는 있을 때 잡아야지, 기회를 놓치고 나서 후회해도 이미 소용이 없다."라고 답했다.

지금이 기회다. 지금 이 순간을 사랑하고 아끼며 최선을 다해 살지 않으면 자신에게 다가온 큰 기회를 놓쳐 버릴 수 있다. 오늘 나에게 다가온 기회가 도망가지 않도록 순간순간 모든 일에 최선을 다하는 습관이 중요하다.

*"나는 준비할 것이고, 언젠가 기회가 올 것이다."*_에이브러햄 링컨
"인생에서 성공하는 비밀은 다가올 시간에 대해 준비를 하는 것이다."

_벤저민 디즈레일리

핑계 대지 않는 멘토

잘못한 일 또는 원하는 일이 계획대로 이루어지지 않았을 때, 우리는 자기합리화를 위해 이리저리 둘러대며 구차한 변명을 하는데, 이런 걸 **'핑계'**라고 한다. **'잘되면 내 탓, 안 되면 조상 탓'**이라는 속담처럼 어떤 일이 잘못되었을 때, 우리는 다른 사람 또는 다른 이유를 만들어 그 상황을 벗어나려고 핑계를 대는 경우가 종종 있다.

만약에 멘토가 멘티와의 약속을 어긴다든지 다른 바쁜 일로 약속을 잊고 못 지켰다면 핑계를 대지 말고 사과를 해야 한다. 약속을 지키지 않는다면 신용을 잃게 되며, 신용을 잃게 되면 인생길잡이로서의 역할을 충실히 수행할 수 없다.

너무 바빠서 어떤 일을 못하겠다는 말은 그 일은 별로 중요하지 않다는 뜻이다. 자신에게 더 중요하다고 생각되는 다른 일을 하겠다는 이야기다. 하지만 우리는 바쁘다는 핑계로 얼마나 소중한 일들을 놓치고 살아가는지를 생각해 볼 필요가 있으며, 정말 눈코 뜰 새 없이 바쁘다 하더라도 지금 하지 않으면 안 되는 일이 있다면, 그 일을 위해 시간을 할애해야 한다. 그렇지 않으면 우리는 성공할 시간도, 행복할 시간도, 내 인생을 살아갈 시간도 갖지 못한다.

• 성공을 가로막는 13가지 핑계

낙관주의자는 미래 지향적으로 비교적 핑계가 적지만, 비관주의자는 과거 지향적으로 핑계가 많다. 미국의 베스트셀러 작가이자 세계적인 대중 연설가로서 미국과 캐나다 전역에서 인간관계 및 동기 부여에 관한 워크숍을 진행하며 명성을 날리고 있는 스티브 챈들러의 『성공을 가로막는 13가지 거짓말』에 소개된 것처럼, 우리는 늘 자기도 모르는 사이에 다음과 같은 핑계를 대면서 살아가고 있다.

1) 하고 싶지만 시간이 없어.

개인의 입장에서 보면 시간이 없는 것처럼 보일지 몰라도 시간이 없다는 것은 핑계다. 우리는 정작 소중한 시간에 잠을 자거나 게임을 하거나 텔레비전을 보면서 시간을 보낸다. 해야 할 일이 있다면 움직여야 하는데 자꾸 시간을 핑계로 해야 할 일을 미루게 되며, 결국 남들보다 뒤처지고 성공을 염원만 하는 사람이 될 것이다.

주어진 시간은 누구에게나 똑같지만 시간을 어떻게 활용하는가에 따라 많은 차이를 보인다. 그리고 시간을 소중하게 사용하려면 목표 설정이 무엇보다도 중요하다. 목표가 없으면 시간이 아깝다는 생각이 들 수 없다. 해야 할 일이 특별히 없는 저녁 시간은 무척 느리게 지나간다는 느낌을 받지만, 할 일이 많은 아침 출근 시간은 상대적으로 무척 빠르게 흘러간다는 느낌을 받았을 것이다. 이는 목표가 있기 때문에 그 목표를 달성하기 위해 모든 역량과 시간을 집중하게 되기 때문이다.

2) 인맥이 있어야 뭘 하지.

성공에 있어서 중요한 항목 중에 하나가 인맥이며, 인적 네트워크가 잘 갖추어져 있는 사람이 어떤 일을 성공시키는 데 유리하다. 그러나 인맥이 마치 성공의 지름길처럼 생각하는 것도 무책임한 생각이며, 인맥을 통해서 보다 빠른 성공을 할지는 몰라도 인맥이 반드시 성공을 결정짓는 것은 아니다. 그리고 인맥이라는 것은 스스로 만들어가는 것이지, 그냥 두 팔 벌려 나를 기다리고 있는 것은 아니다.

지금 당장 시도하고 열심히 노력한다면, 나를 인정해 주고 나와 함께할 수 있는 좋은 파트너가 생기게 될 것이다. 회사에서 근무하고 있을 때보다, 퇴직 후에 사업을 한다든지 새로운 직장을 구하려면 인적 네트워크가 더욱 필요하며, 다양한 인적 네트워크를 구성하려면 우선 자신의 역량을 키워 다른 사람들이 나를 필요로 하도록 만들어야 한다. 인맥 관리의 핵심은 자기 자신의 능력을 향상시키는 데 있다는 것을 명심하고, 퇴직하기 전에 자기계발에 아낌없이 시간을 투자해야 한다.

3) 이 나이에 뭘 할 수 있겠어.

누구나 나이가 들면 위축되어 모든 일에 두려움을 느끼게 된다. 그러나 이러한 마인드로는 한 발짝도 앞으로 나아갈 수 없다. 그러나 나이는 숫자에 불과하다. 주변을 둘러보면 나보다 훨씬 나이 많은 사람들이 나이를 신경 쓰지 않고 하루하루 열심히 살아가는 것을 볼 수 있다. 열정이 있고 확고한 의지만 있다면 나이라는 것은 아무런 방해 요소가 되지 않으며, 스스로 '**안 된다**'라는 그 마음이 가장 큰 걸림돌이 될 것이다.

역사상 최대 업적의 35%는 60대에 의해서 성취되었고, 23%는 70대, 그리고 6%는 80대에 의해 성취되었다. 결국 역사적 업적의 64%는 60세 이상의 연장자들에 의해서 성취되었다고 볼 수 있다. 결국 나이는 정말로 숫자에 불과하며, 늦었다고 생각하는 그때가 가장 **빠른** 때이다.

4) 왜 나에겐 걱정거리만 생기지.

이러한 마음은 자꾸 자신의 성공을 가로막는 무서운 거짓말이며, 스스로의 마음속에서 불운을 끌어당기는 부정적인 자기최면이 된다. 스스로가 운이 없다고 자책하면 그것은 예감이 되면서 현실이 되는 법이어서, 우리의 마음은 사실이 중요한 것이 아니라 그것을 받아들이는 것이 더욱더 중요하다. 불운하다고 생각하는 이상, 더 이상의 행운이 돌아오지 않는다는 것을 알아야 한다.

운이 없는 날은 계속해서 불행이 따라온다는 머피의 법칙도, 좋은 일을 생각하면 결과도 좋게 된다는 샐리의 법칙도 결국은 우리들 마음속에서 만드는 것이므로, 매사를 긍정적인 눈으로 바라볼 수 있어야 한다. "**나는 정말 행운이 따르는 사람이야. 지금의 시련은 성공을 위한 과정일 뿐이고, 반드시 성공할 수 있어.**"라는 마음으로 성공을 향해서 힘차게 달려가야 할 것이다.

5) 이런 것도 못하다니, 난 실패자야.

자신을 실패자로 낙인찍는 순간, 우리의 마음은 위축되고 두려움을 느낀다. 인생에 있어서 실패자는 어떤 일에 실패한 사람이 아니고 그 일을 포기하는 사람을 말한다. 한두 번의 실수나 아픔은 실패가 아니라 하나의 과정일 뿐이며, 실패를 두려워해서 시도조차 하지 못한다면 아무것도 이룰 수 없다.

에디슨을 비롯하여 세상에 큰 영향력을 끼친 사람들은 모두가 실패를 성공의 디딤돌로 여겼으며, 실패를 실패로 보는 것이 아니라 성공하지 못하는 하나의 이유를 발견한 것으로 여겼다. 모든 일이 무조건 내 마음대로 성공할 수는 없으며, 내가 여전히 포기하지 않았다면 자신에게 실패자라는 낙인을 찍지 않아야 한다. 잘못하는 것이 있다면, 그것을 질책하고 원망하기보다는 앞으로 어떻게 하면 그것을 잘 해낼 수 있을지 연구하고 고민하여, 멋지게 해내면 되는 것이다.

6) 사실 난 용기가 없어.

갓 태어난 아기도 걷기 위해서 수천 번을 넘어지고 마침내 일어선다. 용기가 없는 것이 아니고 도전하려는 의지가 부족한 것으로, 해보고 싶은 것이 있다면 지금부터 과감하게 도전하고 자신을 무조건 지지하고 믿어 주어야 한다. 자기가 자기를 믿어 주지 못하면 성공이라는 것은 더더욱 멀어지게 된다. 용기라는 것은 그냥 생기는 것이 아니라, 때로는 무모해도 과감하게 도전할 때 생기는 법이다.

7) 사람들이 날 화나게 해.

다른 사람들을 탓하는 것은 스스로 하겠다는 의지가 아니라, 다른 사람들이 변하기를 기다리는 무책임한 마음의 상태다. 남들이 바뀌기를 기다리고 고대할 시간에 차라리 내가 바뀌면 더 이상 남들의 변화를 기다릴 이유가 없는 것이다. 사람들이 날 화나게 하는 것이 아니라, 내가 나를 만족하지 못하기에 내 스스로 영향을 받고 반응하면서 화를 내는 것이다.

8) 오랜 습관이라 고치기 어려워.

생각처럼 습관은 쉽게 고쳐지지 않지만, 그렇다고 평생을 좋지 않는 습관을 갖고 살아야 할 이유는 없다. 스스로가 못 고친다고 단념해 버리면 마음속 의지는 더 이상 생기지 않으므로, 잘못된 습관이라면 지금부터라도 고치려고 노력해야 한다. 특히 그러한 습관이 성공을 가로막는 가장 큰 장애 요소라면, 시간이 걸리더라도 당연히 고쳐야 한다.

9) 내가 할 수 있는 일이 아니야.

내가 하고 싶은 일이라면 결과와 상관없이 끝까지 도전해야 하며, 자꾸 못한다고 마음을 먹으면 어느 순간 할 수 있는 일이 하나도 없어진다. 우리가 번지점프를 할 때 처음에는 할 수 없다고 두려움과 공포로 벌벌 떨지만, 막상 도전하여 성공하고 나면 두려움은 곧 쾌감이라는 보상으로 바뀐다. 즉 **"내가 하고 싶은 일이라면 내가 할 수 있는 일이다."**라는 마음가짐이 필요하다.

10) 맨정신으로 살 수 없는 세상이야.

세상을 핑계로 포기하지 말고 끝까지 자신의 의지를 믿고 맨정신으로 살아가야 한다. 세상은 내가 어떻게 바라보느냐에 따라서 완전히 다른 세상이 된다. 도전하고 싶고 살맛 나는 세상이라고 생각하면 세상이 아름답게 보이지만, 세상이 불공평하고 살 만한 가치가 없다고 생각하면 세상은 지옥처럼 느껴지게 된다.

11) 가만히 있으면 중간이나 가지.

가만히 있으면 중간이 아니고 도태되기 마련이다. 성공하고 싶다면 적극적인 사고방식과 행동이 중요하며, 소심한 마음은 어떠한 결과물도 내지 못한다. 실수를 하더라도 끝까지 해내려는 강한 정신력이 필요하며, 시도해서 실패하면 소중한 경험을 얻을 수 있다.

아무것도 하지 않으면 아무 일도 일어나지 않고 실패를 경험해 본 사람과 경험해 보지 못한 사람의 차이는 하늘과 땅 차이로, 실패를 경험한 사람은 경험하지 못한 사람보다 성공에 더 가까이 갈 수 있음을 명심해야 한다. 파도가 거칠다고 무서워서 배를 띄우지 않으면 영영 고기를 잡을 수 없으며, 도전 없이 이룰 수 있는 것은 세상에 아무것도 없다.

12) 난 원래 이렇게 생겨 먹었어.

우리는 가장 중요하고 고귀한 생명을 갖고 태어난 존재로, 자신의 인생이나 삶을 무가치하게 만들지 말아야 한다. 우리는 그렇게 생겨 먹은 것이 아니라, 스스로가 그렇게 만들어 가고 있음을 알아야 한다. 우리는 누구나가 사랑스러운 존재이며 누구나가 성공할 수 있는 DNA를 가지고 있다. 실패하는 DNA를 믿으면 실패할 것이고 성공하는 DNA를 믿으면 성공할 것이다.

케냐, 탄자니아 등 아프리카 동부에서 널리 사용하는 스와힐리어로 **'하쿠나 마타타'**는 **'걱정하지마, 다 잘될 거야'**라는 뜻이다. **'난 원래 성공하기 위해 태어났으므로, 당연히 성공할 수밖에 없어.'**라는 긍정적인 말을 자주 사용해 보자. 긍정 에너지를 이끌어 내야 성공할 수 있다.

13) 상황이 협조를 안 해 줘.

상황이라는 것은 우리의 의지와 상관없이 일어나는 것으로, 상황이 어렵다면 스스로 그 상황 속으로 들어가서 해결할 방법을 찾아야 한다. 모든 상황이 우리를 위하여 최적의 상태가 되기란 사실 불가능하며, 성공하는 사람들은 남들의 성공을 쫓아가는 것이 아니라 스스로의 삶을 주도적으로 개척해 나간다. 상황 속에서 갇혀서 사는 것이 아니라 그러한 상황을 극복하고 현명하게 우리가 원하는 대로 상황을 통제해 나가야 한다.

• 문제와 해결 사이에 억지로 핑계를 끼워 넣지 말자

앞에서 나열한 성공을 가로막는 13가지 거짓말 외에도 우리가 잘 대는 핑계는 수도 없이 많다.

1) 학벌이 없어서 성공할 수 없었다고 핑계 대지 말자.

세상은 지붕이 없는 학교로 우리는 모두 세상이라는 학교에 다니는 학생이며, 배우려는 자세만 있으면 언제 어디서나 세상은 기꺼이 선생이 되어 준다. 과거는 과거일 뿐, 지나간 과거를 핑계로 오늘을 망쳐 버린다면 당신에게 주어진 미래는 불행할 것이다. 왜냐하면 오늘은 미래의 모든 결과를 결정짓는 원인이 되고 미래의 과거이기 때문이다.

모든 일은 '**문제**'와 '**해결**'이라는 두 개의 단어로 이루어져 있다. 이 단어들 사이에 억지로 핑계라는 단어를 끼워 넣지 말아야 한다.

2) 도와주는 이가 없다는 핑계는 더 이상 대지 말자.

당신이 이 세상에 태어난 것 자체가 이미 수많은 사람들의 도움 덕분이며, 당신이 지금까지 잘 살고 있는 것도 다른 사람들의 도움을 꽤 많이 받았다는 증거다.

3) 적성에 맞는 일이 없다는 핑계를 대지 말자.

미국 우량 기업 CEO의 단 30%만이 자신의 적성에 맞춰 직업을 택했다고 한다. 나머지 70%는 적성에 맞춰 직업을 택한 것이 아니라, 선택한 직업에 자신의 태도와 자세를 맞추어 살고 있다고 한다.

최근에는 먼저 취업을 해서 경제활동을 하면서 배우고 싶은 공부를 나중에 하는 선취업 후진학이라는 방법도 있다. 이는 특성화고 또는 마이스터고 졸업 후 3년 동안 일하면 주어지는 기회로, 이론과 실무를 겸비하는 전문가 양성을 위하여 학업 취득 및 경력 개발 기회를 제공하기 위해 만든 제도다.

옛날에는 먹고살기가 힘들다 보니, 적성에 맞지 않아도 우선 취업

해서 돈을 벌고, 학력이나 경력을 쌓아서 좀 더 나은 회사로 옮기는 경향이 있었다. 그러나 요즘 젊은 사람들은 공무원이나 대기업 등 상대적으로 안정된 직장에 들어갈 때까지 부모들이 경제적으로 도움을 주기 때문에, 취업 재수생이 넘쳐나고 있어도 상대적으로 근무 환경이 열악한 중소기업은 오히려 직원을 구하기가 어렵다고 한다.

요즘같이 취직이 낙타가 바늘구멍을 통과하기보다 어려운 시기에는 적성에 맞는 직장을 구하느라 시간을 다 허비하기보다는, 마음에 맞지 않더라도 우선 취직을 한 후, 회사에 다니면서 지속적인 자기계발을 통해 꿈을 이루어 나가는 방법을 권장하고 싶다.

'핑계 없는 무덤은 없다.'는 말이 있다. 억지로 없는 핑계를 찾거나 다른 사람을 탓하지 말고, 그럴 시간이 있으면 작은 일이라도 실천해서 성공을 향해 달려가는 지혜로운 사람이 되자.

"지혜로운 사람은 행동으로 말을 증명하고 어리석은 사람은 말로 행위를 변명한다." _『탈무드』

위기를 기회로 바꾸는 멘토

　우리는 위기가 곧 기회라는 말을 자주 한다. 위기 속에서 새로운 돌파구를 찾고, 그것을 통해 성공할 수 있다는 의미다. 그리고 실제로 위기를 기회로 바꾸어 성공한 사례도 적지 않다.

　1997년 IMF외환위기로 국가 부도 사태라는 초유의 위기가 있었으나 온 국민들이 금 모으기 운동 등을 통해 힘을 합쳐 극복했으며, 이번 코로나19도 정부의 적극적인 방역 대책으로 다른 나라에 비해 성공적이라는 평가를 받으면서, 다시 한번 전 세계에 우리 국민들의 단결된 힘을 알리는 계기가 되었다. 물론 코로나19는 아직 진행형이라 성공 여부를 논하기는 이르지만, 그동안 우리 국민들이 보여 준 위기 대처 능력을 생각해 보면 이 또한 충분히 이겨 낼 것으로 믿는다.

• 세상을 바라보는 네 가지 눈

위기 속에서도 조그만 기회 요인을 찾아내고, 여기에 역량을 집중해 성과로 연결하는 것이 리더와 멘토의 역할이며, 멘티에게 어떠한 어려움이 생겨도 슬기롭게 극복할 수 있도록 옆에서 지켜 주고 응원을 해 주는 멘토야말로 진정한 리더형 멘토가 아닐까 생각한다.

콜럼버스는 달걀을 세우기 위해 달걀 밑을 깨서 세웠고, 알렉산더 대왕은 아무도 풀지 못했던 고르디우스의 복잡한 매듭을 하나하나 풀지 않고 칼로 잘라서 풀어 버렸다. 복잡하고 어려운 문제를 다른 사람들이 해결한 후에 보면 매우 쉬워 보이지만, 막상 기존의 방식과 고정관념으로 해결하기 어려운 문제에 봉착하면 우왕좌왕하다가 포기해 버리는데, 이러한 경우에는 우선 관점을 바꾸어 생각해 보고, 실패를 두려워하지 말고 과감하게 도전하는 용기가 필요하다.

세상을 바라보는 눈에는 다음과 같은 것들이 있다.

1) 육안(肉眼)

식견 없이 단순히 표면적인 현상만을 보는 것을 말하며, 있는 그대로의 육안으로만 사물을 보고 말하는 사람들을 보고, 근시안적인 안목을 지녔다고 한다.

2) 지안(知眼)

사물을 단순히 눈에 보이는 현상으로만 보지 않고 넓고 깊게 볼 수 있는 눈을 말하며, 흔히 천리안(千里眼)을 갖고 있는 사람들을 말한다. 천리안이란 천 리 밖을 보는 눈이라는 뜻으로, 먼 곳까지 볼 수 있는 안력과, 사물을 꿰뚫어 볼 수 있는 뛰어난 관찰력을 비유적으로 이르는 말로, 먼 데서 일어난 일을 직감적으로 감지하는 능력을 의미한다. '천리안'이라는 말의 유래를 살펴보면 다음과 같다.

중국 북위에 양일이라는 관리가 있었는데, 젊은 나이에 광주 군수가 된 그는 백성들을 위해 충심으로 봉사하여 사람들을 기쁘게 했으며, 그 당시 일부 관리들은 백성의 고혈을 짜내기에 혈안이 돼 있던 터라, 그의 엄정한 공무 집행은 단연 돋보였다. 그는 법 집행의 공정성을 확보하기 위해 많은 정탐꾼을 주변 천 리까지 보내어 민심의 세세한 상황까지 파악했는데, 사람들은 이렇게 모든 사정에 밝은 관리를 두고 **"그의 눈은 천리안이라, 무엇이든 훤히 내다보신다. 도저히 속일 수가 없다.**"고 이야기하였다.

3) 영안(靈眼)

보이지 않는 **'영적 세계'**를 볼 수 있는 눈으로 영안이 열리면 믿음이 강건해지고 행동이 신실해지므로 많은 그리스도인들이 영안이 열리기를 소원하지만, 영적 체험을 하지 않고는 영안이 열리기 어렵다.

4) 이안(異眼)

어떤 사물이나 행위를 다른 시각으로 보면 완전히 다르게 볼 수 있는 눈을 말한다. 최인철 교수는 세상을 보는 마음의 창을 『프레임』이라는 책을 통해서 **"네모난 창을 통해 밖을 보면 네모로 보이고, 세모난 창을 통해 밖을 보면 세모로 보인다.**"라고 말했으며, 이때의 프레임을 이안(異眼)이라고 말할 수 있다.

• 위기를 기회로 보는 이안(異眼)의 힘

자신의 프레임(가치관)이 어떤 모양이냐에 따라 세상을 보는 방법이 달라지고, 어떤 프레임을 가지고 있느냐에 따라 자신의 삶이 결정된다. 따라서 올바른 프레임을 가져야 올바른 결정을 내릴 수 있고, 그래야 자신의 삶을 더 가치 있게 가꿀 수 있다.

예를 들어, 청소부가 거리를 청소할 때 직업상 어쩔 수 없이 그저 더러운 쓰레기를 청소하고 있다고 생각하는 것과, **'지구의 한 모퉁이를 정화하고 있다'**고 생각하는 것은 청소라는 본질은 변하지 않지만, 청소에 임하는 자세는 분명히 달라진다. 전자의 경우는 마지못해 일을 하다 보니 자기 처지가 한심하게 느껴지겠지만, 후자의 경우는 자신이 맡은 일에 긍지를 갖고 일을 하므로 즐겁게 일을 할 수 있으며, 더불어 업무 성과도 좋아지는 것이다.

일본 아오모리현에 태풍이 불어 수확 직전의 사과가 거의 다 떨어지고 10%만 남았다. 다른 사람들이 이런 큰 자연재해에 망연자실할 때, 한 농부가 위기를 극복할 방안을 생각해 냈다. 아오모리현에서 생산된 사과가 엄청난 강풍에도 떨어지지 않고 끝까지 나무에 붙어 있었다는 것을 내세워 사과를 **'합격사과'**, **'행운의 사과'**라고 이름 붙이고, 이 사과를 먹으면 대학에 합격하는 등 행운을 가져다준다는 스토리텔링으로 대성공을 거둔 것이다.

이후 아오모리현 농민들은 낙과 손실을 보상받고도 남을 만큼 높은 매출을 올렸다. 이렇듯 위기를 위기로만 보지 않고 기회로 바라본 한 농부의 이안(異眼)으로, 위기를 극복하고 아오모리현의 농민들에게 희망을 심어 줄 수 있었던 것이다. 이와 같이 멘토는 위기를 기회로 볼 수 있는 이안(異眼)이 필요하다.

　행복은 멀리 있어 잡을 수 없는 것이 아니고 가장 가까운 우리 마음 속에 있으며, 세상을 긍정적으로 보는 사람에게는 이 지구가 지상낙원이 될 것이다.

3

멘토링에 필요한 삶의 지혜

인간관계

실력이 좋은 멘토와 실력은 모자라도 인간관계를 잘하는 멘토 중 하나를 선택하라고 하면 대부분의 멘티는 후자를 선택한다. 다시 말해 멘토는 실력만으로는 좋은 멘토가 될 수 없다는 말이다. 건강하고 생산적인 멘토링을 위해서는 따뜻한 시선, 적극적인 경청, 공감하는 능력 등이 필요하다. 이런 능력을 갖춘 멘토는 당연히 친절하고 함께 있고 싶은 사람이라는 인상을 준다. 그리고 멘티는 이런 멘토에게 쉽게 마음을 열고 지도와 조언을 구한다.

살아가면서 가장 행복하거나 불행하다고 느꼈던 순간을 생각해 보자. 대부분 타인과의 관계 속에서 비롯된 것들이며, 얼마나 건강한 인간관계를 맺고 있느냐에 따라 행복과 성공이 결정된다. 결국 행복과 성공의 중요한 비결은 가까운 사람과 좋은 관계를 맺는 데 있으며, 모든 것을 다 얻어도 사람을 잃으면, 모든 것을 다 잃는 것과 다를 바 없다.

• 성공의 85%가 인간관계에 달려 있다

과거에는 성공이 지능지수와 밀접한 관계가 있다고 생각했다. 그런데 요즘은 지능지수(IQ)보다 감성지수(EQ: Emotional Quotient)가 더 중요하다고 생각하고, 자녀들에게 EQ 과외까지 시킨다고 한다. 또 어떤 이들은 관계지수(NQ: Network Quotient)가 성공의 요인이자 행복의 열쇠라고 말한다.

학업 성적이 좋은 학생이 성적이 나쁜 학생보다 성공할 확률이 높을 수 있지만, 학업 성적이 좋다고 그것이 행복으로 이어지는 것은 아니다. 공부도 사회생활을 위한 하나의 과정일 뿐 사회생활에서는 대인관계와 관련된 관계지수가 훨씬 더 중요하게 작용한다.

인간은 사회적 동물로 혼자서는 살 수 없기 때문에 행복한 삶을 위해서는 지능지수보다 관계지수가 더 중요하게 작용한다. 좋든 싫든 우리는 다른 사람들과의 관계 속에서 살아가고 있으며, 인간관계가 원만하면 행복하게 살 수 있지만, 인간관계가 원만하지 못하면 행복한 삶을 살기 어렵다. 또한 종종 자기 자신을 돌아볼 여유를 갖고 살아야 하며, 만약에 후회되는 일이 있다면 다시는 반복하지 않도록 반성하고, 바뀔 수 있도록 노력해야 한다.

건강한 마음과 생각을 갖기 위해서는 이웃과의 소통이 필수다. 키에르케고르는 "사람의 행복은 90%가 인간관계에 달려 있다."라고 이야기했으며, 성공학자인 쉬브 케라(Shiv Khera)와 포웰(J. Powell) 역시 **"성공의 85%가 원만하고 바람직한 인간관계에 달렸다."**라고 말했다.

좋은 인간관계를 지닌 사람은 그렇지 않은 사람보다 성공할 확률이 높다. 미국의 한 조사 기관에서 실시한 조사에 의하면, 인간관계가 좋은 사람과 나쁜 사람 사이에 있어서 수입 격차가 40%에 이른다고 한다.

• 타인의 단점은 현미경이 아니라 망원경으로 봐라

미국의 16대 대통령 링컨은 **"적을 없애는 가장 좋은 방법은 그와 친구가 되는 것이다."**라고 말했으며, 실제로 자신에게 모욕을 안긴 정치적 적수들을 모두 각료로 임명해 친구로 만들었다고 한다. 전 미국 대통령 버락 오바마가 오랫동안 풀지 못하던 고르디우스의 매듭과도 같은 쿠바와의 국교 정상화를 선언한 것도 링컨의 철학을 실천한 것이다.

용의 목 아랫부분에는 逆鱗(역린)이라는 비늘이 있는데, 다른 비늘과 달리 거꾸로 돋아 있다. 역린은 용이 가장 부끄러워하는 곳이기 때문에 용을 길들이기 위해 용 위에 올라타더라도 만약 이 역린을 건드리게 되면, 건드린 사람을 끝까지 쫓아 물어 죽인다는 전설이 있다. 사람도 마찬가지다. 상대방의 약점을 건드리면 관계가 좋아질 수 없으며, 상대방의 단점만 보려 하지 말고 장점까지 보려고 할 때, 비로소 우리는 상대방의 마음을 얻을 수 있다.

본인의 눈에 다른 사람들이 이상하게 보인다면, 우선 자기 자신을 돌아볼 필요가 있다. 비탈길에 서서 사람들을 바라보면 모든 사람들이 비뚤게 서 있는 것처럼 보이듯, 본인의 가치와 기준이 올바르지 않다면 다른 사람들의 생각이나 행동이 비뚤어 보일 수밖에 없는 것이다.

미국의 철학자 윌리엄 제임스는 **"원하는 인간관계를 위해 가장 먼저 배워야 할 것은, 상대방의 단점을 가볍게 넘기는 것이다. 그것이**

우리 삶에 심각한 영향을 끼치지 않는다면 문제 삼을 필요는 전혀 없다."라고 말한다.

사람과의 관계에는 한계가 있으며, 모든 사람들과 다 잘 지낼 수는 없다고 생각하는 편이 나으며, 이해할 수 없는 사람을 좋아하려고 노력하는 것은 시간 낭비다. 그 에너지를 차라리 마음이 맞는 사람 쪽에 쓰는 편이 더 현명하다.

카네기 재단의 조사에 의하면, 직무 수행 성공에 기술적인 지식은 15%밖에 공헌하지 못하지만 인간과의 관계는 85%를 공헌한다고 한다. 그리고 직장 생활에서 실패하는 것에 대해 기술적인 문제가 아니라 인간관계의 실패를 주요인으로 꼽고 있다.

사람은 누구나 한 가지 이상의 장점을 갖고 있으므로, 행복한 인간관계를 유지하려면 무엇보다도 상대방에 대한 기대치를 낮추고, 그가 갖고 있는 장점을 적극 활용하면 된다. 상대방이 나처럼 될 수 없다는 사실을 인정하지 않으면 그 순간 스트레스가 생기게 되며, 인간관계에서 받는 대부분의 스트레스는 상대방의 잘못된 행동에 문제가 있기보다는 내 생각에 문제가 있는 경우가 많다. 그러니 상대방에 대한 잘못된 편견이나 생각을 하나씩 바꾸어 나가다 보면, 우리도 모르는 사이에 마음의 평화와 기쁨이 찾아오면서 상대방이 좋게 보이고 감사하게 느껴질 것이다.

아무리 싫고 허물이 많은 사람도 그만이 가지고 있는 장점이 있다. 그 사람에게 숨어 있는 장점을 찾아 배우고 적용하면 그 사람과의 관계를 좋은 관계로 발전시킬 수 있으며, 그 장점을 칭찬하고 격려하면 상대방은 나에게 호감을 갖게 될 것이다. 상대방의 허물이 보이는 것은 나의 모습을 거울로 보는 것과 같다. 상대방의 허물만 보지 말고 나의 허물을 대신 비추어 주는 거울로 생각하고 반면교사(反面教師)로 삼아 자신의 허물을 고치기 위해 최선을 다해야 한다.

다른 사람들의 단점 또는 약점만을 보면 그 사람에 대해 부정적 감정이 생기게 되고, 이 감정은 비난, 따돌림 등과 같은 부정적인 행동을 낳게 되어 부정적인 인간관계를 유발하게 된다. 하지만 상대방의 장점만을 보면 그에 대해 긍정적인 감정이 생기게 되고 이 감정은 칭찬, 격려 등과 같은 긍정적 행동과 인간관계를 낳게 된다.

'타인의 단점은 현미경으로 보지 말고 망원경으로 보라'고 한다. 장점은 확대해서 보고 단점은 축소시켜 보는 습관을 기르면, 자신도 모르는 사이에 인간적인 매력이 솟아나고 결국은 좋은 인간관계를 유지할 수 있다는 것이다.

• 한번 다투면 이전의 상태로 돌아갈 수 없다

오래전에 일본인 친구가 우리나라로 여행을 와서 부산 시내를 안내한 적이 있는데, 관광 중 두 번이나 크게 싸우는 것을 목격하게 되었다.

한번은 택시를 타고 태종대로 가기 위해 다리를 건너는 중이었다. 우리를 태운 택시 기사와 트럭 기사가 서로 양보하지 않고 건너려다가 아슬아슬하게 사고를 피했는데, 서로 상대방이 잘못해서 충돌할 뻔했다고 손님이 타고 있는데도 아랑곳하지 않고 다리 위에서 다투기 시작한 것이었다.

다른 한번은 운전 기사들끼리의 싸움 후 태종대 관광을 마치고 부산 시내가 내려다보이는 부산타워 전망대를 올라갔을 때였다. 그곳에서도 어떤 아저씨와 아줌마가 매우 큰 소리로 다투고 있었다. 이유는 알수 없었지만 정말로 외국인 친구에게만큼은 보이고 싶지 않은 모습의 연속이었다.

일본인들은 우리나라와 달리 개인 관계에서는 좀처럼 싸우지 않는다. 만약에 친구와 심하게 다툰다면 그 관계는 거의 회복되기 어렵다고 봐야 한다. 무신 정권이 오래 지속된 나라이기 때문인지 다른 사람에게 피해를 주는 행위를 매우 꺼린다. 권력이 무신들에게 있고 사무라이들은 언제나 칼을 몸에 지니고 있으므로, 잘못하여 상대방의 기분을 상하게 하면 바로 생명까지도 위협받을 수 있어 타인의 기분을 상하게 하거나 피해를 주지 않으려고 조심스럽게 행동하는 습관이 몸에 밴 것 같다.

일본에서 공중목욕탕을 이용한 경험이 있다면 알겠지만, 샤워기를 써도 물이 옆 사람에게 튀지 않도록 서서 사용하지 않고 쪼그리고 앉아서 사용한다. 이와 달리 우리나라는 샤워기가 서서 사용할 수 있도록 설치되어 있는 경우가 대부분으로 실수해서 옆 사람에게 물이 튀어도 서로 대수롭게 여기지 않는다. 아이들은 목욕탕을 놀이터 삼아 이리저리 뛰어다니며, 대중탕을 야외 수영장처럼 생각하고 물 싸움은 물론 수영까지 한다. 보다 못한 어른 중 하나가 꾸중이라도 하면, 오히려 아이의 부모와 싸울 수도 있다.

"비 온 뒤에 땅이 더 굳어진다"는 속담을 자주 사용하는 것처럼, 우리나라 사람들은 싸우기도 잘하고 화해도 잘한다. 그러나 실제로 대부분의 사람들은 싸우고 난 뒤에 앙금이 남게 되어, 다투기 전의 상태로 돌아가기 어렵다. 일본에서도 **'雨降って地固まる**(비 온 뒤에 땅이

굳어진다)'라는 속담을 자주 쓰는데 주로 개인과 개인 간의 관계보다는 국가와 국가 간의 관계 개선을 바라는 의미로 사용하고 있다.

• 인간관계를 깨트리는 가장 큰 문제, 분노

분노는 인간관계를 깨트리는 가장 문제되는 원인 중 하나다. 분노에는 긍정적인 분노와 부정적인 분노가 있으며, 긍정적인 분노는 의분이지만, 부정적인 분노는 화다. 분노의 원인은 인정받지 못한 마음의 상처, 질투심, 비현실적인 기대 등 다양하다.

원하던 것이 이루어지지 않을 때, 원하지 않았던 것이 우리에게 일어날 때, 우리가 원하는 대로 사람들이 행동해 주지 않을 때, 많은 사랑을 베풀어 주었는데 실망을 안겨 줄 때, 우리는 크게 분노한다. 분노는 이처럼 기대 밖의 행동에 대한 반발이다. 그것은 잘못된 기대, 곧 비현실적인 기대 때문일 수도 있고, 때로는 정당하지 않은 기대 때문일 수도 있다.

이 문제를 해결하기 위해서는 상대방에 대한 비현실적인 기대를 버려야 한다. 쓸데없는 분노에 속지 않으려면 기대를 조금 줄이고, 사람 또는 사회에 대해 절대적인 잣대를 들이대지 않는 것이 현명하다. 화를 내 버리면 엎질러진 물과 같아서 주워 담을 수도 없으며, 화를 잘 내는 것도 일종의 습관이므로 습관으로 굳어지기 전에 조심해야 한다.

영어로 **"Don't you burn your bridges behind you. You might wanna turn and come back again."**의 의미는 다시 돌아올 수 있으니 다리를 불태우지 말라는 뜻으로, 인간관계의 끝을 보려고 하지 말라

는 의미로 사용된다.

인간관계는 시작도 중요하지만 마무리를 잘해야 한다. 직장을 그만 두거나 거래가 끊어졌다고 해서 다시는 안 볼 사람인 것처럼 굴지 말아야 한다. 언젠가는 다시 만날 수도 있는데 좋지 않은 감정을 남기고 헤어진다면, 나중에 돌아갈 자리가 없게 된다.

• 네가 있기에 내가 있다, 우분투(ubuntu)

옛날에 세 부족이 살고 있다. 한 부족은 매사에 경쟁하기를 좋아했다. 그들은 무슨 일이든지 다른 사람과의 경쟁에서 이겨서 일등이 되고 싶어 했다. 가장 살기 좋은 동굴을 찾아내기 위해, 가장 좋은 사냥감을 차지하기 위해, 가장 좋은 정원을 차지하기 위해서 경쟁하였다. 음식을 차지하지 못한 사람과 쾌적한 동굴을 차지하지 못한 사람은 죽었다.

살아남은 자들은 점점 더 위험한 방법으로 경쟁을 계속했다. 그들은 맨손으로 호랑이를 잡는 시합을 하다가 죽었고, 음식과 좋은 자리를 차지하려다가 죽어 갔다. 마침내 한 사람만이 살아남았으나 곧 그도 죽고 말았다. 누군가와 경쟁하지 않고 살아가는 방법을 몰랐기 때문이다.

또 한 부족은 혼자 살아가기를 좋아했다. 혼자 사냥을 했고 혼자 동굴에서 작업을 했으며, 위험이 닥쳤을 때에도 혼자 해결했다. 큰 홍수가 일어났을 때, 많은 사람들이 죽었다. 왜냐하면 자기의 동굴에만 제방을 쌓았기 때문이었다. 또한 많은 어린이들이 호랑이에게 물려 죽었다. 호랑이가 나타난 것을 다른 사람에게 경고해 주지 않았기 때문이다. 이런 상황들이 계속되면서 이 부족은 자연스레 사라지고 말았다. 극단적인 개인주의로 다른 사람과 관계를 형성하지 못해서 생산에 어려움을 겪었으며, 갓난아이들마저 어른들의 보살핌을 받지 못해서 죽어 갔기 때문이다.

마지막 세 번째 부족은 집단을 이루어 서로 도우면서 사냥을 했다. 일부는 사냥감을 몰아주어서 쉽게 사냥감을 포획할 수 있었다. 또 일부는 따뜻하고 편안한 옷과 담요를 만들어 음식과 교환하였다. 어떤 이는 활을 잘 만들었고, 어떤 이는 화살을 잘 만들었다. 이들은 함께 부족민들에게 활과 화살을 공급하였다.

이렇듯 모든 구성원은 어떤 방법으로든 부족의 생존에 일익을 담당하였다. 그들은 서로 도우면서 생활하였기에 서로 인정해 주고 친하게 지냈으며, 자주 잔치도 벌이고 즐겁게 생활하였다. 이들은 일을 하고 여가를 즐기는 데 필요한 의사소통법, 인성을 개발하는 방법 등을 발달시켰다. 이 부족은 살아남아 오랫동안 번영하였다.

아프리카에서 사용하는 말 중에 '**우분투**(ubuntu)'라는 인사말이 있으며, 이는 반투어로 '**네가 있기에 내가 있다**'라는 뜻으로 남아프리카공화국의 건국이념이기도 하다.

한 인류학자가 딸기 한 바구니를 건너편에 두고, 운동장에서 뛰어놀고 있는 아이들에게 딸기 있는 곳까지 달려서 1등을 하는 아이에게 저기에 있는 딸기를 모두 주겠다고 했다. 그랬더니 아이들 모두가 손에 손을 맞잡고 함께 나란히 달려서 다같이 1등을 했다고 한다. 혼자만 잘사는 것이 아니고 모두가 다 함께 잘 사는 것이 바로 '우분투' 사상이다.

누군가 인간관계를 한마디로 정의해 달라고 한다면 '어울림'이라고 대답하고 싶다. 이는 잘난 사람 못난 사람이 함께 어울려 나누고 베풀며 살아가는 것이 인간의 참다운 모습이라고 생각하기 때문이다.

• 친구를 구하기보다 내가 먼저 친구가 되어 주자

금을 찾는 사람들은 금광에 금이 없으면 떠난다. 마찬가지로 이익이 되는 사람을 찾는 사람들은 그 사람에게 이익이 없으면 떠난다. 실패하지 않는 인간관계를 형성하려면 유익한 친구를 구하러 다니기보다 사람들의 친구가 되려고 노력해야 한다.

사람들과 친구가 되는 방법은 먼저 내가 그들에게 무엇을 베풀 수 있는지를 생각하고 먼저 내가 가지고 있는 것을 나누어 줄 수 있는지 생각해야 한다. 그리고 먼저 마음을 열고 상대방에게 내가 주겠다는 것을 알려야 한다.

친구가 되면 결코 실패하지 않는다. 내가 귀인들을 찾아다니면 힘들게 인맥 관리를 해야 하지만, 내가 먼저 친구가 되어 주고 상대방에게 귀인이 되어 주면 인맥을 관리하지 않아도 좋은 관계를 지속할 수 있다.

"다른 사람과 공유하지 않는다면 당신은 진정 아무것도 즐길 수 없다. 당신의 믿음과 사랑, 재능과 돈 등 모두 마찬가지다."
_찰리 트리멘더스 존스

*"길은 잃어도 사람은 잃지 말라."*_마쓰시타 고노스케

결혼 생활

집에서 좋지 않은 일이 있더라도 회사까지 그 문제를 가지고 가면 안 되며, 반대로 회사에서 받은 스트레스를 집에 가져가서 가족들에게 표출하는 일은 결코 없어야 한다. 가정생활 역시 멘토로서 모범이 되어야 멘티에게 좋은 영향을 끼칠 수 있으므로 더욱 세심히 돌아봐야 할 것이다.

• 현실의 결혼에서 가장 중요한 것

자신의 구미에 딱 맞는 이상적인 배우자를 만나는 건 불가능하다. 애초에 이상적인 배우자란 이상 속 인물일 뿐이며, 그 환상을 깨지 못하면 성공적인 관계를 유지해 나갈 수 없다. 어린 시절 동화책에서 읽었던 나의 잃어버린 반쪽 같은 건 없다. 당신의 모자란 부분을 완벽하게 채워 줄 누군가가 나타날 거라든가 소울메이트가 존재한다든가 하는 것은 영화나 드라마 속 이야기에 불과하다. 배려하고 적응하며 서로에게 적절히 맞는 남자 또는 여자가 되어 가는 과정이 현실의 연애이고 결혼이다.

사랑에 빠지면 우리는 상대와 함께하기 위해 오랜 습관, 버릇, 때로는 생각이나 입맛까지 바꾼다. 수십 년 살아온 자신을 변화시키는 것은 절대 쉬운 일이 아니지만 그러한 고통에도 불구하고 사랑에 빠진 연인들은 그 놀랍고 아름다운 사랑의 과정을 기꺼이 견딘다. 이렇듯 특별한 운명의 상대를 만나는 것이 아니라 만들어 가는 것으로, 연인과 함께 만드는 하루하루가 바로 운명의 나날인 것이다.

"전쟁에 나갈 때는 한 번 기도하고, 바다에 나갈 때는 두 번 기도하고, 결혼하기 전에는 세 번 기도하라."는 러시아 속담처럼 결혼은 그만큼 신중하게 결정해야 한다. 그러나 일단 결혼을 하고 나면 **'결혼 전에는 눈을 크게 뜨고, 결혼 후에는 눈을 반쯤 감아라.'**는 말처럼, 결혼 전에 씌어 있던 사랑의 콩깍지가 벗겨져 단점이 보일지라도 눈을 감아주고 보완해 주면서, 서로 맞춰 가며 살아야 행복한 결혼 생활을 유지할 수 있다.

결혼한 사람들에게 사랑하는 이유를 물어보면, 유머감각, 경제적 능력, 수려한 외모 등을 이야기한다. 누구도 **'가치관의 공유'**를 사랑의 이유로 말하는 경우가 잘 없다. 하지만 결혼 생활을 오랫동안 유지해 온 부부들은 하나같이 **'가치관의 공유'**야말로 오랫동안 행복한 결혼 생활을 유지하는 데 가장 중요한 조건이라고 말한다.

경험자들은 함께 삶을 살아가는 두 사람 사이에 생기는 문제는 가치관의 차이에서 야기하는 경우가 많다고 하나같이 입을 모은다. 즉 종교, 교육, 정치 등에서 서로의 가치관의 차이로 종종 부딪치게 된다는 것이다. 비록 가치관이 다르지만 사랑하니까 결혼 후 배우자를 변화시키겠다고 하는 것은 대단히 잘못된 생각으로, 상대방을 바꾸겠다고 생각하는 순간 그 가정은 전쟁터가 되기 쉬우며, 결혼 후 바꿀 수있는 것은 오직 자신뿐이라는 것을 알아야 한다.

결혼 생활을 시작하면 사랑이라고 믿었던 것들이 금세 신기루에 지나지 않다는 것을 깨닫게 되며, 사랑은 결혼 생활을 통해서 서서히 자라나고 평생을 키워 가는 것이다. 처음엔 사랑이 육체적으로 끌리는 감정이었다면 그다음의 사랑은 비슷한 관심사나 취미활동을 통해서 만들어 가는 행복이다. 따라서 부부가 가치관이 비슷하다거나 취미가 같다면 결혼 생활이 행복할 가능성이 높다.

• 행복한 결혼 생활을 위한 네 가지 주의점

성공적인 결혼 생활을 하려면 받는 것보다 베푸는 데 더 많이 익숙해져야 한다. 두 사람 모두가 받는 것보다 더 많이 배려하며 살겠다는 생각을 한다면 최상의 커플이 될 것이나, 두 사람 모두가 상대방에게 더 많은 것을 원하고만 있다면 최악의 커플이 될 것이다.

최근에는 황혼 이혼율이 증가하는 추세다. 부부간의 신뢰는 이미 땅에 떨어질 대로 떨어졌으나, 자녀 때문에 또는 체면 때문에 헤어지지 못하고 형식적으로 사는 부부들도 적지 않다고 한다. 특히 남자들의 경우 경제적 활동으로 가정을 돌보는 데 소홀이 하는 경우가 많으며, 오랜 세월을 참고 살았던 아내가 남편이 퇴직하고 나면 이혼을 요구한다고 하니 참으로 슬픈 일이 아닐 수 없다.

이혼 사유로 가장 많은 것이 성격 차이(45%)이며, 그다음은 가족 간 불화(14%), 경제 문제(14%), 배우자의 부정(9.2%) 순이다. 부부간의 성격, 가족 간의 불화는 거의 가치관의 차이에서 오는 문제들로, 결국 부부관계의 실패이며, 결혼을 후회한 가장 흔한 경우는 배우자와 제대로 대화를 할 수 없는 사람이거나 아예 대화를 시도조차 하지 않는 사람이다.

행복한 결혼 생활을 오래 지속하는 것은 쉬운 일이 아니며, 소풍처럼 늘 즐겁지도 않고 굴곡도 많다. 아무리 굳건하게 결혼 생활을 하는 부부일지라도 살다 보면 많은 위기에 직면하게 된다. 따라서 행복한 결혼 생활을 원한다면 다음 4가지를 유념해야 한다.

1) 비슷한 사람과 결혼하라.

가장 핵심적인 가치관과 배경이 비슷하면 행복한 결혼 생활을 유지할 수 있다. 결혼 후 배우자를 바꿔 보겠다는 생각은 아예 하지 마라.

2) 설렘보다는 우정을 믿어라.

평생 한 사람과 살다 보면 가슴 두근거리는 사랑은 변하기 마련이다. 사랑도 중요하지만 깊은 우정을 느낄 수 있는 사람과 결혼하는 것이 좋다.

3) 결혼은 반반씩 내놓는 것이 아니다.

부부관계가 늘 50:50으로 공평해야 한다는 생각을 버려라. 내가 준 만큼 정확히 받을 수는 없다. 행복한 결혼 생활의 비결은 늘 얻은 것보다 더 많이 주려고 서로 노력하는 것이다.

4) 대화는 두 사람을 이어 주는 길이다.

고집이 세고 과묵한 것은 두 사람의 관계에 치명적이다. 오랫동안 부부로 잘 지내려면 모두 수다쟁이가 되거나, 최소한 한 사람만이라도 수다쟁이가 되어야 한다.

• 부부간 소통의 중요성

20세기 불후의 명배우로 손꼽히는 엘리자베스 테일러와 리처드 버튼이 출연한 영화 〈예기치 못한 일〉은 부부간의 소통이 얼마나 중요한지를 잘 보여 주고 있다.

무대는 영국 히드로 공항. 남편 폴은 아내 프랜시스를 죽도록 사랑했지만 사랑이 미움이 되어 이혼에 합의했고, 아내는 미국으로 가기 위해 탑승 수속을 마친 상태다. 이제 아내가 비행기에 오르면 두 사람의 관계는 그것으로 끝이다.

그때 공항 안내 방송을 통해 목소리가 들려온다. **"신사 숙녀 여러분, 지금 히드로 공항엔 짙은 안개가 드리워 있어, 모든 여객기의 이착륙이 불가능합니다. 안개가 걷힐 때까지 기다려 주시기 바랍니다."**

두 사람은 커피숍에 들어가 말없이 차 한 잔을 나누지만 그래도 안개가 걷히질 않자 레스토랑으로 옮겨 식사를 한다. 두 사람은 비로소 이야기다운 이야기를 나누게 되며, 대화를 통해 서로 오해가 있었다는 것을 알고 서로 용서를 구하면서 화해를 하게 된다.

살다 보면 짙은 안개가 드리워 한 발짝도 딛지 못하거나, 예기치 못한 일을 만나 절망할 때가 얼마나 많은가? 하지만 그 안개가 축복이 될 수도 있음을 알아야 한다.

• 휘어진 삼나무를 통해 깨달은 지혜

1993년 겨울, 결혼 생활에 위기를 맞은 부부는 여행을 떠나기로 계획했다. 만약 이 여행을 통해 사랑이 회복되면 계속 함께하고, 그렇지 못하면 깨끗이 헤어질 작정이었다. 그들은 캐나다 퀘백의 산골짜기를 향해 여행을 떠났다. 그곳에는 남북 방향으로 난 산골짜기가 있는데, 서쪽 언덕에는 소나무와 측백나무 등이 빽빽하게 자라고 동쪽 땅에는 히말라야 삼나무만이 자라나는 기이한 광경을 보기 위해서였다.

두 사람이 도착했을 때 마침 폭설이 내리고 있었다. 텐트를 치고 흩날리는 눈을 보던 중 바람이 특정한 방향으로만 불어오며, 동쪽 언덕으로 불어오는 눈이 서쪽 언덕의 눈보다 크고 촘촘하다는 것을 발견했다.

얼마 지나지 않아 삼나무 위에 눈이 쌓이기 시작했다. 그런데 눈이 어느 정도 쌓이고 나면 탄성이 있는 삼나무 가지가 아래로 휘어지며 나뭇가지에 쌓였던 눈이 모두 땅으로 쏟아졌다. 이렇게 삼나무는 눈이 쌓이고 휘어지며 쏟아지기를 반복한 덕분에, 눈의 무게를 견디지 못해 금세 나뭇가지들이 부러진 다른 나무들과는 달리 아무런 손상을 입지 않았다. 이 모습을 본 아내가 남편에게 말했다.

"동쪽 언덕에도 분명히 여러 나무들이 자라고 있었을 텐데 휘어질 줄 몰라 모두 망가졌군요."

순간 부부는 큰 깨달음을 얻고 서로 마주 보며 끌어안았다.

나는 일본 유학 시절 최북단에 위치한 홋카이도에 있는 유스호텔에서 아르바이트를 한 적이 있다. 겨울에는 얼마나 눈이 많이 내리는지 말 그대로 설국이 따로 없다. 매일같이 밤새 내린 눈을 치우는 것으로부터 하루의 일과가 시작됐다. 호텔에 손님이 오면 높이 쌓인 눈에 빠지지 않도록 크로스컨트리용 스키를 신고 함께 산속을 걸어 다니면서 설경을 감상하는데, 밤새 내린 눈의 무게를 견디지 못하고 땅까지 내려와 닿아 있던 삼나무 가지를 스키폴로 두드려 눈을 털어 주면, 나뭇가지가 슬금슬금 제자리로 돌아오는 것을 보면서 즐거워했던 기억이 난다.

• 부부의 세 가지 유형

존 고트만 박사는 『결혼의 성공과 실패의 이유(Why Marriages Succeed or Fail)』라는 책을 통해서 모든 부부는 다음의 세 가지 유형 중 한 가지에 속한다며, 세 가지 유형의 부부를 소개했다.

1) 첫 번째는 회피형 부부이다.

부부 사이에 문제가 있더라도 서로가 교묘하게 그 문제를 빠져나가는 부부이다. 문제를 해결하기보다는 서로의 편리를 위하여 덮어 두고 지나가는 것이다. 그렇기에 부부 관계는 매우 안정적이다. 안락한 부부 생활을 하며, 각자의 영역을 존중하고 각자가 하는 일에 대하여 지나친 간섭은 하지 않는다.

또 서로에게 문제가 발견되더라도 가능한 문제 삼지 않는다. 그러다가 어느 순간, 자신이 지금 누구와 살고 있는지에 대한 회의가 찾아오면서 서로에 대하여 불만이 많이 쌓여 있음을 알게 된다. 결국 부부 관계가 추락하고, 사고가 나는 부부 유형이다. 겉으로 보기에는 행복하고 이상적인 부부 같지만, 시한폭탄 같은 인생을 사는 부부이다.

2) 두 번째는 충돌형 부부이다.

양념을 듬뿍 친 고추처럼 매운 맛이 나는 부부들이다. 주변 사람들이 그 부부와 함께 있으면 언제 터질지 몰라 늘 좌불안석해야 하는 부부로, 좋은 표현도 아주 적극적으로 하지만 그 반대의 경우에도 아주 공격적으로 표현하는 부부이다. 상대에 대한 표현이 거칠고, 또 지나치게 솔직하다고 할 정도로 상대에 대한 자신의 불만을 숨김없이 털어놓는 부부 유형이다.

3) 세 번째는 초콜릿 우유 같은 융합형 부부이다.

부부가 터놓고 이야기하며, 애정 표현도 잘한다. 시간과 공간을 되도록 함께 공유하며, 취미 활동과 관심사를 같이 나누는 것을 서로 기뻐하는 부부이다. 서로를 융합하는 데 최선을 다하는 부부로 초콜릿 같은 냄새가 나는 듯하지만, 그 속에 숨겨진 우유 냄새가 절묘하게 혼합된 달콤하면서도 고소한 냄새를 풍기는 부부이다.

고트만 박사는 가장 이상적인 유형의 부부가 바로, 이 세 번째의 초콜릿 우유 같은 융합형 부부라고 말한다. 우리 부부는 약간은 충돌형이면서 융합형 부부의 형태를 갖고 있으므로, '충돌 융합형 부부'라고 말하고 싶다.

신혼 초에는 서로 자라 온 환경과 생각이 달라 서로 이해하지 못하고 다투는 일이 자주 발생할 수 있으므로, 대화를 통해 서로 이해하려는 노력이 필요하다. 비록 이견이 좁혀지지 않아 충돌할 경우가 있더라도, 문제를 회피하는 것은 먼 미래를 위해서 좋은 방법이 아니다. 살면서 미운 정 고운 정이 들어 연륜이 쌓이고 추억을 먹고 사는 것이 부부가 아닌가.

• 아빠가 존경스러워요

세상에서 가장 외로운 사람은 가족 안에서 혼자가 된 사람이다. 주변을 둘러보면 가족 안에서 혼자가 된 사람을 뜻밖에도 많이 찾아볼 수 있다. 밤늦도록 술집에 앉아 집으로 돌아가지 않는 남편들, 남편보다 텔레비전을 더 많이 사랑하는 아내들, 현관을 들어서기 무섭게 각자 자기 방으로 숨어 버리는 아이들, 한 지붕 밑에 있지만 저마다 고립된 섬처럼 떠다니는 가족이 되는 것은, 한순간에 일어나는 일임을 명심해야 한다.

여자는 사랑한다는 말을 듣기 좋아하지만, 남자는 사랑보다 존경한다는 표현에 더 마음이 움직인다. 다시 말해 남자들은 외롭고 사랑받지 못하고 있다는 사실은 그럭저럭 견딜 만해도, 무능하거나 무시당하는 것만큼은 결코 참지 못한다. 그래서 남자들은 가정에서도 아내와 자녀들에게 인정받고 존경받고 싶어 한다. 나 역시 "당신이 자랑스러워요."라는 아내의 말과, "아빠가 존경스러워요."라는 딸들의 말이 다른 그 어떤 달콤한 말보다도 가장 듣고 싶은 말이다.

부부간에 서로 단점을 고치려 한다면, 평생 고칠 수 없을 가능성이 높다. 만약에 그 단점이 서로 커버해 줄 수 있는 단점이라면 전혀 문제가 되지 않는다. 이는 인간 자체가 완전하지 못하여 서로 의지할 수밖에 없도록 하나님이 만들었기 때문이다. 결혼 생활은 서로 다른 사람이 만나서 하나가 되는 것이므로, 서로가 서로에게 조금씩 양보하고 맞춰 가야 행복한 부부 생활을 지속할 수 있다.

아내가 있는 남성은 이혼한 사람이나 미혼자보다 평균 10년, 사별한 사람보다는 17년 정도 더 수명이 길고, 남편 있는 여성도 이혼한 사람보다 8년, 미혼자보다 10년, 사별한 사람보다는 무려 25년가량 더 장수한다고 한다. 불완전한 인간들이 만나 서로를 보완하고 보호하며 살다 보니 오래 사는 것은 아닐까?

• 내 자신을 먼저 변화시켰더라면

50대 이상의 노년 부부가 이혼을 하는 것을 황혼이혼이라고 부르는데, 갈수록 이 황혼이혼이 증가되고 있다. 실버 왕국으로 불리는 일본의 경우는 오래전부터 황혼이혼이 급증해 '나리타의 이별'이란 신조어까지 등장했다고 한다. 막내아들 결혼식을 마치고 신혼여행을 보낸 후, 나리타 공항에서 갈라선다고 해서 생긴 말이다.

일본에서 일어난 이 바람이 우리나라에서도 역시 거세게 불고 있다. 정년퇴직 후 혹은 막내를 결혼시키자마자 그간 참을 만큼 참던 중년 여성들이 이혼 소송을 걸어서 재산의 절반을 요구하는 비율이 크게 늘어나고 있다.

툭하면 업무를 핑계로 외박하고 이유를 물어보면 여자가 뭘 회사 일까지 꼬치꼬치 물어보느냐고 면박을 주기 일상이며, 연휴 때 가족 여행 한번 가자고 하면 피곤하다고 하루 종일 빈둥거리다가 친구한테 전화가 오면 뒤도 안 돌아보고 나가서는 저녁 늦게 곤드레만드레가 되어 들어온다. 그러다가 퇴직 후에는 놀러 나가라고 해도 나가지 않고, 아내의 뒤꽁무니나 졸졸 따라다니면서 삼식이가 되어 가는 남편들…. 아내는 마침내 폭발하여 황혼이혼을 결심하는 것이다.

평소에 운동이나 등산 등 취미 활동을 함께했더라면 황혼이혼까지는 가지 않았을 텐데 하는 생각이 든다. 가족이 우선시되어 부당해도 참고, 억울해도 견디며 그저 가족을 위해 희생하는 것을 미덕으로 여겼던 우리나라 여성들의 가치관이 점차 변하고 있다.

여성들은 젊어서부터 모든 가사를 혼자서 해 왔기 때문에 이혼을 해도 별로 불편함을 느끼지 않겠지만, 오로지 바깥일에만 충성하느라 집안일에 전혀 신경을 쓰지 않고 평생 살아온 남성들의 경우는, 혼자 사는 일이 쉽지 않을 것이다.

웨스트민스터 대성당 지하묘지에 있는 성공회 주교의 묘비에는 다음과 같은 글이 새겨져 있다.

"내가 젊고 자유로워서 상상력에 한계가 없을 때, 나는 세상을 변화시키겠다는 꿈을 가졌었다. 좀 더 나이가 들고 지혜를 얻었을 때, 나는 세상이 변하지 않으리라는 걸 알았다. 그래서 나는 내가 살고 있는 나라를 변화시키겠다고 결심했다. 그러나 그것 역시 불가능한 일이었다.

황혼의 나이가 되었을 때는 마지막 시도로 가장 가까운 내 가족을 변화시키겠다고 마음을 정했다. 그러나 아무도 달라지지 않았다. 이제 죽음을 맞이하는 자리에서 나는 깨닫는다.

내가 내 자신을 먼저 변화시켰더라면, 그것을 보고 내 가족이 변화되었을 것을, 또한 그것에 용기를 얻어 내 나라를 더 좋은 곳으로 바꿀 수 있었을 것을, 누가 아는가? 그러면 세상까지도 변화되었을지…."

"행복한 결혼 생활에서 중요한 것은 서로 얼마나 잘 맞는가보다 다른 점을 어떻게 극복해 나가는가이다."_톨스토이

직장 생활

• 직장 생활에서 가장 중요한 것은 인간관계

직장에서 성공하려면 조직 내에서의 인간관계에서 우선 성공해야 한다. 그 이유는 능력이 아무리 뛰어나도 직장에서 인간관계가 엉망이고 스트레스를 많이 받고 있다면 아침에 일어나서 일터로 가고 싶다는 생각조차 들지 않기 때문이다.

오늘날 많은 사람들은 기술적인 전문성에만 지나치게 치중한 나머지 직장에서 성공할 수 있는 핵심 요소, 즉 인간관계를 소홀히 하는 경향이 있다. 직장 생활에서는 공감기술, 경청기술, 갈등해결기술 등이 매우 중요하다.

만일 직장에서 멘토로 선정되었다면 그 사람은 이미 상사로부터 인정을 받은 것이다. 그리고 그 사람은 직장 생활과 개인 생활 간의 균형을 잘 유지하고, 맡은 분야에서 왕성하게 활동하며, 조직에서 열정적이고 헌신적인 사람일 것이다.

대기업에 취직한 것만으로도 감사하고 행복해하던 젊은 시절의 나는, 입사 5년차에 반장이 되면서부터 주임과의 갈등을 맞게 되었다. 퇴근 후 주임에게 받은 스트레스를 풀기 위해 동료들과 술을 자주 마시다 보니, 음주 횟수가 늘면서 간 기능이 떨어져 알코올을 분해하는 데 시간이 많이 걸렸다. 홧김에 마시는 술이라 위에도 나쁜 영향을 주었는지 소화 기능이 떨어졌고, 소화가 잘되게 하려고 운동을 과하게 하다 보니 체중이 10kg이나 빠져서 딱딱한 곳에선 엉덩이가 아파서 오래 앉아 있을 수가 없었다.

지금에 와서 생각해 보면, 왜 그때는 동료의 입장을 생각해 보거나 잘 해결해 보려 하지 않고 나만 잘하면 된다는 생각으로 돌아보지 못했는지 후회가 된다.

• 행복한 직장 생활을 위한 인간관계 5원칙

취업 포털 파인드잡이 1,561명을 대상으로 회사에서 느끼는 스트레스 중 현재 가장 큰 것은 무엇인가를 설문 조사한 결과, 다음과 같이 나타났다.

첫째, 동료와의 갈등(29%)

둘째, 상사와의 갈등(23%)

셋째, 회사에 대한 불안(20%)

넷째, 업무 성과에 대한 압박(10%)

다섯째, 자기 계발에 대한 부담(10%)

여섯째, 과중한 업무 부담(8%)

조사에서 나타나듯이 직장 동료나 상사와의 갈등에서 비롯된 스트레스가 과반을 넘는다. 여러 사람과 함께 성과를 내야 하는 직장 생활에서는 다음과 같은 인간관계 원칙을 알고 행동해야 행복한 직장 생활을 할 수 있다.

1) 적보다 동지를 만들어라.

'**100명의 아군이 나를 구할 수는 없어도, 한 명의 적군이 나를 죽일 수 있다.**'라는 이야기처럼 회사에서 적을 만들어서는 안 된다. 특히 직장 상사의 경우는 더욱 그렇다. 승진할 기회가 있을 때, 인사권자 중 한 명이라도 나를 좋지 않게 평가한다면 승진을 기대하기 어렵다.

2) 타인이 나와 다르다는 것을 인정하라.

나와 다름을 인정하지 않고 상대방을 자기 생각대로 바꾸려고 한다면, 상대방과의 관계가 좋아질 수 없다. 특히 젊은 신입사원들은 자라 온 환경도 다를 뿐 아니라 세대 간의 문화 차이도 있는데, 기성세대 생각만을 고집한다면 조직 분위기는 엉망이 될 수 있다.

3) 당신의 가치도 틀릴 수 있다.

직장 상사라고 하더라도 모든 것이 정답일 수 없으며, 부하 직원의 의견이 옳은 생각 또는 정답일 수도 있다. 즉 당신이 생각하는 잣대도 틀릴 수 있다는 것을 인정하지 않으면 조직 간 소통이 잘되지 않으며,

잘못된 판단으로 회사에 손해를 끼칠 수 있음을 알아야 한다.

4) 넓게 포용하라.

자기 자신에게는 잣대를 엄격하게 적용하더라도, 다른 사람들에게는 잣대를 엄격하게 적용해서는 안 된다. 타인의 실수를 용서해 주면 언젠가 그 용서가 보험이 되어 자신에게 큰 도움이 된다. 용서는 또 다른 미래를 준비하는 보험이다.

• 상사를 대하는 자세

당신은 조직 내부의 다른 모든 고객을 만족시키는 데 실패할 수 있다. 그러나 당신의 상사가 당신을 좋아하고 지지하는 한 당신은 안전하다. 반대로 당신은 조직 안팎의 다른 모든 사람을 만족시킬 수 있으나 당신의 상사를 만족시키지 못하면 직장 생활이 힘들 수밖에 없다.

따라서 직장 생활에서 상사는 **'가장 중요한 고객'**이라고 말할 수 있다. 그러면 직장 생활에서 최고의 고객이라 할 수 있는 상사를 어떻게 대하는 것이 좋은지 알아보자.

1) 상사의 스타일에 맞추어 서비스하자.

회사는 내가 사표를 내지 않는 한 바뀌지 않지만, 상사는 시간이 지나면 승진하든지 퇴직하든지 바뀔 확률이 매우 높다. 그리고 상사에 따라 스타일이 다를 수 있으므로 그때마다 대응하는 방법이 달라져야 한다. 예를 들어 보고서를 작성하는 스타일도 다를 수 있다. 결론을 중시하는 상사가 있는가 하면, 과정을 중시하는 상사도 있다. 따라서 상사의 스타일을 파악하고 맞춤 서비스를 하는 것이 무엇보다도 중요하다.

2) 상사를 칭찬하자.

나쁜 직장 상사도 칭찬하면 춤을 춘다. 가족 사이의 끈끈한 정이나 연인들처럼 조마조마한 스릴도 없는 무미건조한 공간에서 업무로 맺어진 동료끼리의 칭찬은, 직장 생활의 윤활유 역할을 할 수 있다. 특히 상사와의 인간관계를 발전시키기 위해서는 일, 외모, 가족 등 상사에 대한 관심이 효과적으로 작용할 수 있다.

기본적으로 직장 상사는 편한 상대가 아니다. 권한과 함께 결과에 대한 막중한 책임이 따르는 위치이므로, 기대치에 못 미쳐도 잘 보좌해서 조직에서 추구하는 목적을 달성할 수 있도록 적극적으로 지원해야 한다.

3) 잘못을 흔쾌히 인정하고 고치자.

제대로 된 상사라면 부하의 성장을 기대하고 철저하게 가르치려고 할 것이다. 보고서를 작성하였는데 실수를 했다면, 바로 그 자리에서 잘못을 인정하고 조언을 구하는 것이 필요하다.

만약에 자기가 작성한 보고서가 맞는다고 하더라도, 잘못을 지적할 때는 무조건 수긍하는 자세가 필요하다. 지적하는 자리에서 자기가 맞는다고 조목조목 따져 보아야 통할리가 없고, 오히려 상사의 눈 밖에 나기 쉽다. 특히 보고하는 자리에 상사와 본인 단둘이 있다면 몰라도 다른 사람들이 있다면 더욱 조심해야 한다.

함께 근무하고 있는 모 교수는 상사로부터 심하게 꾸지람을 듣는 경우를 본 적이 없다. 업무적으로 지적을 받으면 그 자리에서 절대로 변명이나 대꾸를 하는 법이 없으며 상사의 이야기를 전부 듣고 나서 그렇게 할 수밖에 없었던 사정을 차분하게 설명하기 때문에 상사들로부터 꾸중을 받지 않는 것이다.

상사의 자존심을 긁는 일은 불길에 기름을 들고 들어가는 것과 다르지 않다. 우선 상사의 지적을 메모지에 잘 적고, 지도 편달에 대한 고마움을 표한 뒤에 적당한 기회를 봐서 본인 생각을 설명하는 것이 지혜로운 처세술이다.

4) 상사에게 도움을 청하자.

업무를 지시받았을 때, 그 업무를 다 끝내고 상사에게 보고하는 것보다는 중간중간 작성 방향이 맞는지 확인할 필요가 있으며, 그때마다 상사의 의견을 경청하고 보고서 작성에 반영한다. 그래야 상사도 보고서 진행을 파악할 수 있고 잘못 작성하는 실수를 줄일 수 있으며, 상사의 존재감을 심어 줄 수 있어서 상사에게 인정받을 수 있다.

상사에게 잘 보이려고 굽실거리는 아첨이라면 인생이 비굴해 보이겠지만, 상사의 기분을 좋게 할 수 있는 방법을 알고 있다면 직장 생활을 즐겁게 할 수 있는 큰 장점이 될 수 있다. 직장 생활은 물론 대인 관계에 있어서 적을 만드는 것은 매우 어리석은 일이다. 하물며 자기의 목줄을 잡고 있는 상사와 적이 된다면, 하루하루의 직장 생활이 지옥 같을 것이다.

자기 상사는 나쁘게 보이고 다른 조직에 있는 상사는 좋을 것이라고 막연하게 믿는 현상을 '**푸른 초원 증후군**'이라고 한다. 남의 떡이 더 커 보이고, 이웃집 잔디가 더 푸르게 보이는 것이 인생이라 많은 사람들이 상사와 코드가 맞지 않는다고 다른 팀으로 옮기거나 사표를 내고 다른 회사로 옮겨 보지만, 불행하게도 어느 곳에 가도 상사는 별반 다르지 않다.

• 시너지 효과와 반응역치

회사가 성공하기 위해서는 모든 조직에서의 시너지 효과가 중요하다. 그러나 시너지 효과를 내는 것은 생각처럼 쉽지 않다. 조직 구성원 모두가 한 마음으로 똘똘 뭉쳐 목표를 향해 일제히 나갈 때 시너지 효과를 발휘할 수 있는데, 조직의 규모가 커지면 커질 수록 구성원 개개인의 노력이 오히려 감소하는, 시너지 효과와는 다른 링겔만 효과가 나타나기 때문이다.

링겔만 효과란 2명으로 이루어진 그룹은 잠재적인 기대치의 93%, 3명 그룹은 85%, 그리고 8명으로 이루어진 그룹은 겨우 49% 정도의 힘만 작용하는 것을 의미한다. 다시 말해 그룹 속에 참여하는 개인의 수가 늘어날수록 1인당 공헌도가 오히려 떨어지는 현상을 말하는 것으로, 혼자서 일할 때보다 집단 속에서 함께 일할 때 노력을 덜 기울이기 때문에 나타나는 현상이다.

집단생활을 하는 개미나 벌과 같은 곤충들은 계급 체계가 없어도 문제없이 잘 돌아가는데, 이는 반응역치와 관계가 있다고 한다. 반응역치란 일에 대응하는 부지런함의 개인 차이로, 반응역치가 낮다는 것은 어떤 현상에 대해 예민하고 즉각적으로 반응하는 것을, 반응역치가 높다는 것은 둔감하여 반응이 늦게 나타남을 말한다.

　깨끗한 것을 좋아하는 사람은 조금만 지저분해도 바로 청소를 시작하는데 이런 사람은 반응역치가 낮다고 할 수 있으며, 어지간해서는 빗자루를 들지 않는 사람들은 반응역치가 매우 높은 사람이다. 이처럼 개인의 특성에 따라 차이를 보이는 반응역치 때문에, 개미와 벌은 유구한 역사 속에서 멸종하지 않고 공동체 생활을 유지할 수 있었다는 것이다.

　만약 어떤 개체가 한 가지 일을 처리하느라 무척 바쁠 때 다른 일이 생길 경우 그 개체는 새로운 일을 처리할 수 없지만, 새로운 일이 가져다주는 자극이 주어지면 이 개체보다 반응역치가 큰 다른 개체 즉, 게으름뱅이인 개체가 그 일에 착수한다. 여왕벌이 수컷 20~30마리와 교미를 해서 알을 낳는 것은 반응역치가 다른 여러 집단을 만들기 위해서이며, 이는 개성 있는 다양한 집단이 필요하기 때문이다.

　그런데 만약 반응역치가 모두 같다면 어떨까? 벌집 온도가 높아졌을 때 모두가 동시에 날갯짓을 해서 온도를 낮춘다면 온도가 너무 낮아질 수 있고, 또 지쳐서 동시에 모두 쉬게 되면 온도가 올라가는 현상이 발생할 수 있으므로 일정하게 온도를 유지할 수 없게 된다.

　그러나 반응역치에 차이가 있으면 처음에 반응역치가 낮은 벌이 날갯짓을 하고, 그래도 온도가 적정 온도를 초과하면 그다음 반응역치가 낮은 벌이 날갯짓하고, 이렇게 하면서 잠시 휴식을 취하는 벌도 생기게 되며 온도를 일정하게 조절할 수 있다. 다시 말해 개성이 다른 벌들이 서로 교대하면서 온도 제어를 하게 되어 알들이 부화하기에 최적의 온도를 유지할 수 있게 되는 것이다.

직장 생활도 마찬가지로 상사의 지시에 즉각 반응하는 사람이 있는가 하면, 꾸중을 듣고서 겨우 움직이기 시작하는 사람도 있다. 상사의 지시에 즉시 행동을 보이는 직원도 필요하지만, 때로는 평소에는 좀 게을러도 바쁘게 처리해야 할 업무가 생기면 밤낮을 가리지 않고 불도저처럼 일을 하는 직원도 필요하다.

이렇게 서로 다른 개성을 가진 사람들이 하나의 조직 구성원으로 이루어져 있으므로, 각자의 개성을 필요에 따라 잘 발휘할 수 있도록 조직을 이끌어 가는 것이 리더의 역할이다.

• 실수를 만회하는 방법

직장 생활을 하다 보면 본의 아니게 실수를 하게 되며, 실수가 잘 해결되었다 하더라도 자신이 저지른 실수 때문에 자괴감을 느끼기도 하고 행여나 또다시 실수하지는 않을까 두려움을 느끼기도 한다. 실제로 자신의 실수로 다수의 사람이 피해를 보는 경험을 했다면 실수에 대한 두려움이 더더욱 커질 수밖에 없다.

실수를 만회하는 법은 따로 있지 않다. 자신의 업무 실수 그늘에서 벗어나 똑같은 실수를 반복하지 않도록 노력하는 것이다. 또한 자신의 실수를 회피하기보다는 인정하고 진심으로 사과하며, 그것을 해결하기 위해 앞장서는 것이 중요하다.

멘토링에서도 마찬가지다. 멘토라고 해서 실수하지 말라는 법이 없으며, 새롭고 도전적인 업무를 가르치다 보면 본의 아니게 제대로 된 성과를 낼 수 없을 경우도 생긴다. 이러한 경우가 발생하면 우선 직장 상사에게 있는 그대로를 보고하고, 노력했던 과정을 자세히 설명한 후 도움을 요청하고 실수를 만회하면 된다. 부하 직원이 어려울 때 도움을 요청하는데 나 몰라라 하는 직장 상사는 없을 것이다.

"실수를 해 보지 않은 사람은 한 번도 새로운 일을 시도해 보지 않았던 사람이다."_아인슈타인

겸손

"크게 성공했다고 자만하거나 사람을 경시하는 태도를 취하는 사람은 훌륭한 멘토가 될 수 없다. 겸손한 태도로 모든 이들과 숨김없이 자신의 모든 것을 나누는 멘토에게 더욱 큰 배움을 얻을 수 있다."

겸손한 사람의 주변에는 늘 사람들이 모여든다. 결점을 갖고 있고 이를 숨기지 않는다는 점이 오히려 매력으로 작용하는 것이다. 완벽한 멘토로 보이려고 결점을 감추고 있는 멘토는 가까이 다가서기가 어려워 멘티들에게 인기가 없다.

멘토가 알고 있는 지식이 전부 완전하다고 보기 어렵다. 보지 못하고 알지 못하며 경험하지 못한 것이 너무 많다. 멘토가 겸손하지 않고 잘난 체한다면 멘티의 존경을 받을 수 없을 것이며, 겸손한 마음과 배려심으로 멘토링을 한다면, 멘티의 존경을 받는 동시에 상호 시너지 효과도 얻을 수 있다.

• 훌륭한 멘토, 거만한 멘토

훌륭한 멘토는 자신의 재능과 장점을 감사하게 생각할 뿐, 그것을 과시하지 않는다. 반면에 자신의 위대함을 과시하는 거만한 멘토라면 멘티의 성장과 발전은 기대하기 어렵다.

소크라테스도 '젊은 시절 나는 스스로 많은 것을 알고 있다고 생각했다. 나이가 먹어 가면서 나는 모든 것을 알고 있다고 생각하기도 했다. 하지만 나이가 더 들어서는 갑자기 아무것도 모른다는 것을 깨달았다.'라고 이야기했다고 한다.

다음은 멘토링에 나서기 전에 숙지해야 할 사항이다.

첫째, 자신의 잘못과 약점을 숨김없이 털어놓고 솔직하게 인정한다.

둘째, 멘티에게 불가능한 완벽함을 요구하지 않는다.

셋째, 실수를 인정하고, 모르는 것은 모른다고 말하는 데 익숙해져라.

넷째, 자신의 능력을 멘티에게 과시하지 마라.

대기업 임원의 기내 승무원 폭행 사건, 항공기 땅콩 리턴 사건, 재벌가의 운전기사 및 경비원 폭행 사건 등 일명 '**갑질**'이라 불리는 부적절한 행동들이 사회적으로 큰 이슈가 되고 있다. 권력이 높은 사람, 돈을 많이 갖고 있는 사람들이 사회에서 강자로서의 힘을 이용하여 권력이 없고 돈도 없는, 힘없는 사회적 약자들을 괴롭히는 일을 갑질이라고 한다. '갑질'이라는 말은 갑을 관계에서 파생된 말로, 갑질하는 심리학적 이유 중 하나는 교만한 마음이다.

유대인들은 누구나 어릴 때부터 머리에 '**키파**(Kippa)'라는 모자를 쓴다. 이유는 어릴 때부터 자기 위에 높으신 하나님이 계시다는 것을 알려 주고, 교만하지 않고 늘 겸손하게 살게 하기 위해서 내려오는 전통으로, 위에 계신 하나님을 두려워하게 되면 자연히 다른 사람들을 존중하게 된다는 가르침이다.

• 교만과 겸손의 차이

헬라어로 '**휘시오**'는 '**교만하다**'라는 의미로 거만해서 고개를 바짝 들고 다니는 사람들을 보고 이 '휘시오'라는 단어를 사용한다. 세상에서 교만한 사람을 좋아하는 사람 없고, 겸손한 사람을 싫어하는 사람 없으며, 인간관계에서 교만한 사람이 실패하고, 겸손한 사람이 성공하는 것은 당연한 이치다. 자기를 스스로 높이는 교만한 자는 망하고, 자기를 스스로 낮추는 겸손한 자는 다른 사람들로부터 높임을 받는다는 세상의 이치를 깨달아야 한다.

동물 왕국에 사자와 늑대가 살고 있었다. 어느 날 해가 서편으로 뉘엿뉘엿 넘어가고 있을 때, 늑대가 어슬렁어슬렁하며 길을 걷다 보니 자기의 그림자가 매우 크게 보이는 것이었다. 늑대는 자기 그림자를 보고 실제로 몸집이 커진 것으로 착각하고는 세상에 무서울 것이 하나도 없어졌다.

그러자 문득 왕 노릇 하는 사자가 생각났으며, 그 사자만 물리치면 왕이 될 수 있다는 생각을 한다. 때마침 사자가 저녁 식사를 준비하기 위해 사냥감을 찾고 있었는데, 겁도 없이 늑대가 사자의 앞길을 가로막고 힘자랑하다가 그대로 사자의 밥이 되었다. 이 이솝 우화의 교훈처럼, 본인의 주제를 제대로 파악하지 못하고 교만해진 마음으로 행동하는 어리석음을 범하지 말아야 한다.

해발 3,000미터 높이의 로키산맥과 같은 고산지대에서는 '수목한계선'이라 불리는 지대가 있다. 이 지대의 나무들은 매서운 바람으로 인해 곧게 자라지 못하고 무릎을 꿇고 있는 모습으로 성장한다. 열악한 환경 속에서 생존을 위해 무서운 인내를 발휘하는 것이다.

그리고 세계에서 가장 공명이 잘되는 명품 바이올린은 바로 이 무릎을 꿇고 있는 나무로 만들어진다. 아름다운 영혼을 갖고 인생의 깊은 울림을 지닌 선율을 내는 사람들은 모두 이와 같이 무릎을 꿇는 지혜를 터득한 사람들이다.

교만은 자신의 재주와 능력을 뽐내고 우월감으로 가득 차서 남을 업신여기는 마음이고, 겸손은 자신에게도 약점과 단점이 있으며 한계가 있고 그래서 남들보다 나을 게 없다고 자기를 낮추는 마음의 자세이다. 교만의 뿌리는 열등의식이고, 겸손은 자신감과 실력에서 나온다.

• 교만한 사람들의 특징

교만한 사람들의 대표적인 특징을 보면 다음과 같다.

1) 모든 것을 자기가 결정하려고 한다.

교만한 사람들은 자신이 늘 주도권을 가져야 한다고 생각하며, 다른 사람들의 이야기를 잘 들으려 하지 않는다. 또한 무슨 일이든지 자신이 최종 결정을 내려야 한다고 생각한다.

2) 상의하지 않고 결정한다.

자기보다 더 잘난 사람이 없다고 생각하고 상의할 필요를 느끼지 못한다.

3) 부탁하지 않고 명령한다.

자기가 필요해서 부탁하는 일도 자존심 운운하며, 명령조로 말한다.

4) 배우려고 하지 않고 늘 상대방을 가르치려 한다.

자신은 더 이상 배울 것이 없다고 생각하고 언제나 상대방을 가르치려고 한다.

5) 모르는 것도 묻지 않고 아는 척한다.

자세히 알지도 못하면서 상대편에게 묻는 것 자체를 치욕으로 생각하고, 마치 알고 있는 것처럼 행동한다.

6) 자신을 교만하다고 생각하지 않고 겸손한 편이라고 생각한다.

다른 사람들이 자기를 교만하다고 이야기하면 자기를 잘 모르고 하는 소리라고 말하며, 오히려 겸손한 사람이라고 화를 낸다.

7) 자기 잘못은 못 보지만 다른 사람의 잘못은 현미경으로 보는 듯한다.

자기 자신의 실수는 그냥 지나치면서, 다른 사람들의 실수는 용납하지 못한다.

8) 자신의 버릇도 못 고치면서 다른 사람 버릇을 고치려 한다.

자기 가치 기준으로 다른 사람들을 평가하고 뜯어고치려 한다. 다른 사람을 고치려고 하기 전에, 자기 자신을 객관적으로 볼 수 있는 거울과 같은 눈이 필요하다.

9) 자기보다 잘난 사람을 싫어한다.

자기보다 똑똑하다고 생각되면 거부감을 가지며, 다른 사람이 주관하는 일이라면 모두 부정적으로 생각한다.

· 벼는 익을수록 고개를 숙인다

지평선 위로 떠오르는 달은 중천에 떠 있는 달보다 크게 보인다. 이유는 상대적 착시 현상 때문이다. 다시 말해 산이나 건물 사이에 떠 있는 달은 상대적으로 아무것도 비교할 대상이 없는, 하늘 한가운데에 떠 있는 달보다 크게 보인다는 뜻이다.

사람들과 악수를 할 때, 어떤 사람은 손이 차갑게 느껴지지만 어떤 사람은 뜨겁게 느껴지는 경우를 경험했을 것이다. 이유는 간단하다. 나보다 상대방의 손이 차면 차갑게 느껴지지만, 나보다 손이 따뜻하면 따뜻하게 느껴지는 것이다. 내 손은 절대적으로 따뜻한 것도 차가운 것도 아니다. 상대방의 손에 의해 내 손이 따뜻하게 느껴질 수도 차갑게 느껴질 수도 있다는 것을 알아야 한다.

지금 몸담고 있는 곳에서 조금 똑똑하다고 잘난 체하다가는 큰코다칠 수 있으니 조심해야 하며, 좀 더 넓은 세상으로 나가면 훨씬 더 나은 사람들이 많이 있다. 잘난 것도 못난 것도 누구와 비교하느냐에 따라 달라지기 때문에, 주변 사람들과 비교해서 힘이 좀 세다고, 가진 것이 좀 많다고 교만해서는 안 된다. 벼는 익을수록 고개를 숙이는 것과 같이 많이 알고 있어도, 많이 갖고 있어도, 힘이 있어도 겸손하게 행동하는 사람은 더욱 높임을 받을 것이다.

"겸손하게 의견을 말하면 상대는 곧 이해를 하고 반대하는 사람도 줄어든다. 그리고 내 잘못을 정직하게 인정하면 내 옳은 생각에 대해 상대방이 박수를 보내 준다. 늘 자기 의견만 정당하다고 고집하지 마라."
_벤저민 프랭클린

"내가 유일하게 아는 것은 내가 아는 것이 없다는 것이다."_소크라테스

말조심

멘토링 할 때 각별히 조심해야 할 것 중에 하나가 **'멘티의 프라이버시'** 존중이다. 어렵게 자신의 고충을 이야기했는데 다음 날 직장 동료들이 전부 알아 버린다면, 다시는 그 멘토에게 조언을 구하지 않을 것이다. 마찬가지로 회식 자리에서 상사를 안줏거리 삼아 험담하는 일은 매우 위험한 일이다. 대부분 우리나라 식당은 방음 상태가 좋지 못하다. 무심코 직장 상사를 험담해서 큰 낭패를 볼 수 있으니 조심해야 한다.

• 낮말은 새가 듣고 밤말은 쥐가 듣는다

우리나라 속담 중에 '낮말은 새가 듣고 밤말은 쥐가 듣는다'와 같은 말조심과 관련된 속담이 많다. 일본도 이와 유사한 속담이 많이 있다. '壁(かべ)に耳(みみ)あり、障子(しょうじ)に目(め)あり(벽에는 귀가 있고,

미닫이에는 눈이 있다)'

　일본의 전통 주택은 대부분 나무로 지어져 벽이 얇기 때문에 방 안에서 하는 대화가 밖으로 잘 새어 나간다. 또 우리나라 한옥처럼 방문으로 문풍지를 사용해 손에 침을 묻혀서 소리 없이 구멍을 낼 수 있어, 밖에서 방 안을 들여다볼 수 있으니 조심하라는 뜻이 내포되어 있다.

　일본 닛코의 한 신사에 가면 세 원숭이 동상이 있다. 그리고 이 원숭이 세 마리는 각기 다른 모습을 하고 있는데 사진 속에서 왼쪽의 원숭이는 귀를 막고 있고, 중간의 원숭이는 입을 막고 있으며, 오른쪽 원숭이는 눈을 가리고 있다.

　이 동상 속의 세 원숭이들이 귀, 입, 눈을 가리고 있는 모습으로 각각 다르게 만든 이유는 세상에서 들은 것, 본 것을 잘 알지 못하면서 함부로 말하지 말고 신중해야 한다는 뜻을 나타내기 위함이다. 오랫동안 무신 정권 속에서 살아남는 처세술을 잘 표현하고 있는 작품이다.

[聞かざる, 言わざる, 見ざる(듣지 않고 말하지 않고 보지 않는 원숭이)]
출처: 위키미디어 커먼스

• 가는 말이 고와야 오는 말이 곱다

말은 참으로 무섭다. 내가 무심코 내뱉은 말이 다른 사람에게 큰 상처를 낼 수 있으며, 본인 또한 자신이 한 말이 부메랑이 되어 되돌아올 수 있다는 것을 잊지 말아야 한다.

우리나라에선 **'가는 말이 고와야 오는 말이 곱다'**라는 속담을 자주 사용하는데, 이는 내가 먼저 공손하게 표현하면 상대방도 나에게 친절하게 대한다는 뜻이다. 입 밖으로 말을 내뱉기 전에 한 번쯤 먼저 생각해 보고 말한다면, 부주의한 말로 인해 곤경에 빠지는 일은 피할 수 있을 것이다.

• 발 없는 말이 천 리 간다

또 다른 말과 관련된 속담 중에 **'발 없는 말이 천 리 간다'**가 있다. 소문은 전해지는 속도가 매우 빠르기 때문에 말을 조심해야 한다는 뜻이다. 칭기즈칸은 유라시아를 정복할 때 발 없는 말, 즉 여론을 조작하고 활용하는 기술이 뛰어났던 사람이었다고 한다.

칭기즈칸은 군사들에게 한 지역을 본보기로 무자비하게 정복하라고 지시했다. 그리고 몽골군에 대한 공포스러운 소문을 의도적으로 사람들에게 전파하기 위해 도망갈 수 있도록 길을 열어 주었다. 그렇게 도망간 사람들은 몽골군의 무자비한 모습을 주변 지역에 널리 전했으며, 그 소문을 들은 사람들은 공포심을 이기지 못하고 스스로 항복했고, 이런 방식으로 칭기즈칸은 몽골군의 손실을 최대한 줄이면서 영토를 넓혔다고 한다.

이처럼 말은 한번 전파되면 걷잡을 수 없이 빠르게 퍼진다. 그렇기 때문에 말을 할 때에도 신중하게 하고, 말을 들을 때에도 신중하게 들어야 한다. 자신과 자신 주변의 사람들을 죽일 수도, 살릴 수도 있는 것이 말의 힘이다.

• 입에서 나오는 말은 마음에서 나오는 것이다

POSCO에서는 한동안 '카더라 통신'을 조심하라는 교육이 있었다. 카더라는 "○○가 ~라고 하더라"는 식으로 근거가 부족한 소문을 제멋대로 추측하여 사실처럼 전달하거나 그런 소문을 의도적으로 퍼트리기 위한 행위를 의미하는 추측성으로 만들어진 억측 또는 소문을 뜻한다.

이러한 근거가 불분명한 소문은 일반 대중에 의해 상식적으로 또는 경험적으로 그럴 개연성이 높다는 이유만으로 바로 사실로 받아들여지곤 한다. 인터넷에 떠도는 악성 루머에 시달리다 스스로 목숨을 끊어 버리는 연예인의 이야기가 오늘날 우리가 살아가고 있는 안타까운 현실을 반영하고 있다. 무심코 던진 말이나 글로 인해 누군가는 엄청난 고통을 겪어야 할 수 있으며, 다른 사람이 아닌 우리도 언젠가 피해자가 될 수 있다는 사실을 명심해야 한다.

입에서 나오는 말은 마음에서부터 나오는 것이다. 선한 마음을 가지고 있으면 선한 말이 나오고, 악한 마음을 갖고 있으면 악한 말이 나오게 된다.

"말은 입에서 나와서 귀로 사라진다. 그러나 상처가 되는 말은 가슴에 남아서 우리를 아프게 하므로 항상 조심해야 한다."

만남

• 누구를 만나느냐에 따라 인생이 달라질 수 있다

상담계의 살아 있는 전설 스탠퍼드 대학 존 크럼볼츠 교수는 수많은 비즈니스 종사자들을 대상으로 커리어를 조사한 결과, 성공한 사람 중 자신의 계획에 따라 성공한 경우는 20% 정도에 불과했고 80%인 대부분의 사람은 우연히 만난 사람이나 우연히 겪은 일을 통해 성공을 이뤘음을 밝혀냈다.

이러한 연구 결과를 통해 개발된 이론이 바로 **'계획된 우연(Planned Happenstance)'**이다. 삶에서 만날 수밖에 없는 다양한 우연에 주목하면서 그 사건이 사람의 인생 진로에 긍정적 또는 부정적인 영향을 미치는데, 이 중 긍정적으로 작용하는 경우를 **'계획된 우연'**이라고 부른 것이다.

적성, 흥미, 성격 등도 직업을 선택할 때 중요하지만 실제로는 우연적인 사건에 의해 진로가 바뀌는 경우도 많다. 그러나 운에 맡긴 채 기다리기만 한다면 우연한 사건이 자연적으로 우리 인생 진로에 긍정적인 영향을 미치지는 않을 것이다. 이에 대해 크럼볼츠 교수는 '**계획된 우연**' 이론에 따라 우연한 사건을 인지하고 그 사건을 커리어의 기회로 만들어 나가는 데 필요한 다섯 가지 기술을 제시했다.

1) 호기심: 새로운 배움의 기회를 찾기
2) 인내심: 일부 차질이 발생해도 지속적으로 노력하기
3) 유연성: 태도와 상황을 바꾸기
4) 낙관성: 새로운 기회가 올 때 이를 실현 가능하고 달성할 수 있다고 보기
5) 위험 감수: 결과가 불확실하더라도 행동 취하기

'**계획된 우연**' 이론은 제4차 산업혁명 시대 인공지능과 로봇이 인간의 일자리를 빼앗아 가고 있는 이때 가장 적절한 진로 이론이라고 생각한다. 지금이야말로 '계획된 우연' 이론에서 제시하는 다섯 가지 기술 역량을 잘 활용해야 하는 시기라고 본다.

• 우연한 사건, 운명적인 만남

신입사원으로 입사한 후 어떤 멘토와 만나느냐에 따라 그의 인생이 바뀔 수도 있기 때문에 멘토와 멘티의 만남은 인생에 있어서 매우 중요한 만남 중에 하나라 생각한다.

자신이 원하는 대로 멘토를 정할 수 있다면 좋겠지만 직장에서는 본

인의 의사와 관계없이 멘토가 결정되므로 운명적인 만남에 속하지 않을까 싶다. 아무리 훌륭한 멘토를 만나도 멘티의 자세에 따라서 멘토링에 실패할 수도 있다. 그러나 조금 부족한 멘토를 만나더라도 멘티의 배우려는 의지와 자세에 따라서 훌륭한 멘토를 만난 것과 같은 멘토링 효과를 얻을 수 있다.

언젠가 캐나다 킹스톤 천섬(Thousand Island)을 여행한 적이 있었는데 그곳에서 관광 가이드의 설명으로 하트섬의 유래를 듣게 되었으며, 그 이야기는 나에게 만남의 중요성을 다시 한번 생각해 볼 수 있게 했다.

칠흑 같은 밤이었다. 예고도 없이 폭풍우가 몰아쳤으며, 작은 도시에서 단 하나밖에 없는 이 호텔에는 이른 저녁부터 머물 곳을 찾던 손님들로 일찍 방이 다 찼다. 자정 무렵, 비를 잔뜩 맞은 노부부가 문을 열고 들어섰다.

"예약을 못 했는데 혹시 방이 있습니까?"

당직하던 직원이 대답했다.

"죄송합니다. 남은 객실이 없군요."

노부부가 난감한 표정을 지으며 발길을 돌리려는데 직원이 말했다.

"이 도시에 묵을 만한 호텔은 여기밖에 없습니다. 좁고 누추한 당직실이라도 괜찮으시다면 내어 드리고 싶습니다."

다음 날 아침 노신사는 밤에 근무했던 직원에게 전해 달라며 호텔 카운터에 **'당신에게 언젠가 호텔을 하나 지어 드리겠습니다.'**라는 메시지를 남기고 떠났다.

직원에겐 그저 꿈같은 이야기였지만 기분만은 좋았다. 그러나 직원은 2년 후 주소에 적힌 곳으로 찾아오라는 편지 한 통과 뉴욕행 비행기 표를 받았고, 주소에 적힌 대로 찾아가 보니 황금빛 조명으로 반짝이는 멋진 신축 호텔에서 그때 그 노신사가 기다리고 있었다.

"이 호텔은 당신을 위해 지은 것이니 최선을 다해 경영해 보시오."

감동한 청년은 이 호텔에서 열심히 일을 하였고, 호텔은 날로 번창하였다. 그뿐만 아니라 노부부의 딸과 사랑에 빠져 그녀를 아내로 맞이하게 되는데, 이 청년이 바로 유명한 월도프 아스토리아 호텔 체인을 이룩한 조지 볼트이다.

그러나 막대한 재산을 쌓은 그에게 중년에 불행이 찾아왔으니, 다름 아니라 사랑하는 아내가 난치병에 걸린 것이다. 마음 아파하던 그는 세인트로렌스강 중간에 위치한 천섬 중에서도 아담한 하트섬을 사서 중세식 성을 짓기 시작하였다.

공기 맑고 경치 아름다운 그곳에서라면 아내의 병도 나을 거라 생각해서 아내의 생일인 밸런타인데이에 맞춰 성을 선물하려고 부지런히 공사를 진행하였다. 그러나 안타깝게도 아내는 성이 완공되는 걸 보지 못하고 그만 세상을 뜨고 말았다. 낙담한 그는 공사를 중단하고 섬

을 떠났고, 다시는 섬에 오지 않았다고 한다.

하트섬에 조지 볼트가 짓던 성은 오늘날 볼트성이라고 불리며, 그 애틋한 사랑의 이야기로 인해 유명해졌다.

이 세상에는 크고 작은 드라마틱한 사건들이 매일 일어나고 있으며, 드라마틱한 인생을 원한다면 드라마에 나오는 주인공처럼 행동해야 한다.

• 내 마음속의 진정한 멘토를 찾아서

세계적인 골프선수 타이거 우즈는 '**내가 받은 최고의 선물은 크리스마스 때 아버지와 골프를 쳤던 일**'이라며 그에게 아버지는 가장 친한 친구이자 스승이었다고 말한다. 소수민족에다가 혼혈인이었던 우즈에게 아버지는 선배이자 친구로서 공감과 전폭적인 지지를 주었으며, 실패와 좌절 뒤에도 늘 우즈의 든든한 지원군이 되어 주었다. 대회 우승보다는 인격적으로 훌륭한 사람이 되라고 가르쳤던 아버지의 훌륭한 가르침은 우즈의 성장과정을 지배했고, 그러한 아버지 밑에서 그는 골프 황제가 되었다.

멘토라고 해서 나와 비슷한 분야에서 직업적인 성공을 거둬 높은 자리에 있는 사람일 필요는 없다. 또 나보다 나이가 많거나 특별히 공인된 성공의 길을 밟은 사람일 필요도 없다. 내 가치관이나 삶의 방식에 제대로 된 철학을 심어 주어 실천하고 성장을 돕는 사람이라면 훌륭한 멘토가 될 수 있다.

그런 멘토가 있다면 평소 친분이나 안면이 없더라도 정성스런 편지나 전자메일 등으로 멘토로 모시고 싶음을 적극적으로 알려 보자. 모든 전문적인 선수들에게는 코치가 있음을 생각해 본다면 전문적인 상담가, 컨설턴트나 코치도 활용할 만하다. 생애 전반이나 경력 개발에 있어서 코칭을 받는 것은 아주 유익한 일이다. 실제로 미국에서는 CEO를 코치하는 컨설팅사나 교육기관이 많이 있다.

꼭 직접 만나지 않아도 상관없다. 책을 통해 만난 위인이나 인물, 개인적으로 만나 보기 어려운 인물도 마음속의 멘토가 될 수 있다. 그 사람을 닮기 위해 연구하고 노력하는 것만으로도 충분하다. 마음속에 롤모델이 있다면, 어려운 일이 있거나 중요한 결정해야 할 일을 앞두고 있을 때 **'그분이라면 어떻게 할까?'**라는 생각만으로도 답을 얻는 경우가 많다. 그분의 삶이 자신의 생각과 의사결정에 지침이 되기 때문이다.

중요한 것은 **'열린 마음'**이다. 특히 가까운 사람과의 멘토링일 경우 멘토의 말만큼은 변명하지 않고 경청하고 달게 받아들이겠다는 마음자세가 있어야 한다. 그런 준비도 없이 멘토링을 시작하면 자신이 가장 신뢰하던 사람들과의 인간관계가 서먹해지거나 악화될 수 있다. 그리고 아무리 좋은 조언을 들었다고 해도 자신의 삶에 적용시키지 않는다면 아무 소용이 없다. 부단히 성장하려는 노력이 선행되어야 한다.

언제 어디서 누구를 만나, 인생이 어떻게 바뀔지 아무도 모른다. 만나는 모든 사람을 내 인생에 가장 소중한 사람으로 여기고 소중한 인연으로 만드는 지혜가 필요한 이유가 바로 여기에 있다. 가족과 직장 동료들은 물과 공기처럼 항상 가까이에 있다 보니 그들의 소중함을 잊고 살아가는 경우가 많다. 하지만 물과 공기가 단 하루라도 없으면 살 수 없는 것처럼, 인생에 가장 소중한 사람들은 먼 곳에 있는 것이 아니고 늘 함께한다는 것을 잊지 말아야 한다.

*"세상을 보는 관점에는 두 가지 방법이 있습니다. 모든 만남을 우연으로 보는 것과 기적으로 보는 것입니다."*_아인슈타인

신뢰

• 모든 인간관계의 초석, 신뢰

멘토와 멘티 관계의 초석이 되는 가장 중요한 것은 '**신뢰**'이며 멘토와 멘티의 관계를 단단하게 묶어 주는 끈과도 같다. '신뢰'를 뜻하는 영어 'Trust'는 '**안식**'을 의미하는 독일어 '**Trost**'에서 유래되었다고 한다. 즉 신뢰를 기반으로 한 관계란 멘토-멘티 모두 편안한 마음으로 서로를 믿을 수 있는 상태를 의미하며, 멘토-멘티 관계 속에서 신뢰를 쌓기 위해서는 우선 멘토가 일관되고 정직하며 성실한 모습을 보여야 한다.

멘토는 있는 그대로 말하고, 말한 그대로 행동해야 한다. 그래야 멘티가 멘토를 믿고 의지할 수 있으며, 멘티는 자신의 실수와 잘못을 주저 없이 지적하고 바로잡아 주는 멘토에게 더 깊은 신뢰를 느낀다. 멘토가 멘티와의 약속을 잡거나 계획을 세워 두고서도 이를 지키지 못하면 멘티는 '말과 행동이 다르다'라고 생각하게 되므로, 존경받는 멘토가 되려면 당연히 멘티와의 약속을 최우선으로 하고 아무리 바빠도 약속을 어기지 말아야 한다.

가정 안에서도 마찬가지로 부부간에 신뢰가 깨지면 모든 것을 잃게 된다. 가정을 온전히 유지하기 위해서는 무엇보다 '신뢰'가 중요하다. 아내는 남편을 위해 남편은 아내를 위해 역지사지하는 마음가짐이 필요하다.

많은 부부들이 헤어지는 데는 다양한 이유가 있다. 종종 TV를 통해 보고 듣게 되는 연예인들의 이혼 소식에서 다들 성격 차이를 이야기한다. 그러나 이는 표면적인 이유에 불과하며 실제로는 부부간에 신뢰가 깨졌기 때문으로 생각된다.

순간순간 다툼을 모면하기 위해 내뱉는 거짓말 역시 피해야 한다. 거짓말은 습관이 되고 꼬리가 길어지면 탄로 나게 되어 신뢰가 깨지며, 돌아올 수 없는 다리를 건널 수 있기 때문이다.

어느 흥신소 전단지를 보니 "불륜의 증거, 일주일만 주면 100% 잡아 줍니다."라는 문구가 적혀 있다. 간통죄가 폐지된 후 전국에 흥신소가 두 배로 늘었으며 아주 성업 중이라고 한다. 남편은 부인을, 부인은 남편을 믿지 못해 흥신소에 불륜의 증거를 잡아 달라고 의뢰하는 건수가 급증했다는 것이다. 이혼 시 유리한 위치에서 위자료를 많이 받아 내기 위해서다. 부부가 서로 믿지 못해 벌어지는 슬픈 현실을 반영하고 있다.

사회에서 신뢰를 받는 사람들은 대부분 자기 관리를 잘하고 성품이 바른 사람, 타인을 배려하고 존중하는 사람, 자신에게 주어진 책임을 다하고 주도적으로 일하는 사람들이다. 반대로 신뢰받지 못하는 사람들은 팀워크를 무시하고 혼자 잘난 척하는 사람, 다른 사람의 잘못된 점 하나도 놓치지 않고 따지는 사람, 힘든 업무나 어려운 일을 자주 다른 사람에게 떠넘기는 사람, 모든 일에 핑계가 많은 사람들이다. 신뢰받는 멘토가 되기 위해서는 다음과 같은 행동 원칙을 알아야 한다.

1) 미래를 위해 자신을 가꾸어라.

꿈과 목표를 정하고 늘 생각하며, 하루하루 그 꿈을 이루기 위해 실천한다.

2) 내가 아닌 우리를 생각하라.

혼자가 아니고 팀워크를 생각하며, 시너지 효과를 낼 수 있도록 노력한다.

3) 자신이 하는 일에 자부심을 가져라.

긍정적이며 자기 자신을 믿고 주도적으로 일한다.

4) 다른 사람이 아닌, 당신이 먼저 행동하라.

말보다는 실천을 중시하고 솔선수범하면, 신뢰받는 멘토가 될 수 있다.

사회적 신뢰도가 낮아지면 속도는 느려지고 비용은 올라간다. 9·11 테러 전에는 항공기가 이륙하기 30분 전에 공항에 도착해도, 신속하게 보안 검색대를 통과할 수 있었다. 하지만 이제 보안 검색대를 통과하기 위해 적어도 2시간 전에 공항에 도착해야 하며, 보안세를 내야하는 등 불신으로 인해 비싼 대가를 지불하고 있다.

신뢰는 가장 강력한 형태의 동기 부여가 되며, 사람들은 신뢰받기 위해 노력한다. 그래서 일단 신뢰를 받으면 그 신뢰에 보답하려고 한다. 신뢰는 성품의 측면에서 생각하는 것보다 역량의 측면에서 생각하는 것이 중요하며, 사람들은 실제로 일을 잘하는 사람을 신뢰한다.

어느 회사에 신설된 교육 프로그램이 있다면 가장 역량 있는 강사에게 맡기고 싶어 하는 것이 당연하다. 그래서 과거에 실적이 있는 사람에게 유망한 프로젝트를 맡기게 된다. 특히 현장 리더의 관점에서 역량은 신뢰의 기준이 될 수 있는 중요한 요소이다.

· 모든 신뢰의 시발점, 자신과의 약속

한 연구에 따르면 많은 사람이 스스로 정한 목표를 실행하지 않거나 자신과의 약속을 잘 지키지 않으며, 새해가 되면 미국인의 거의 절반이 계획을 세우지만 그 약속을 지키는 사람은 8%에 불과하다고 한다. 이처럼 자신과의 약속을 반복해서 지키지 않으면 자신감이 상실되며 자기 자신은 물론 다른 사람들도 신뢰할 수 없게 되지만, 반대로 자신과의 약속을 지키거나 의미 있는 목표를 정하고 실행하면 자신감이 높아진다.

신뢰는 한 번에 한 방울씩 모여 물이 가득 찬, 커다란 양동이와 같다. 명심해야 할 것은 양동이를 걷어차면 신뢰를 한꺼번에 잃을 수 있다는 것이며, 명성을 쌓는 데는 20년이 걸리지만 그 명성을 까먹는 데는 5분도 채 걸리지 않는다는 사실이다.

자신과의 약속이 모든 것의 시발점으로, 비현실적인 약속을 해서 지키지 못하는 것보다 상대방을 실망시키는 한이 있더라도 현실적인 약속을 하는 것이 훨씬 낫다.

신용(信用)이란 일반적으로 사람을 신뢰 또는 신임한다는 뜻으로, 사회생활에 있어 인간과 인간과의 관계를 원활하게 이어 주는 바탕이 된다. 그러나 반대로 불신(不信)은 사람을 신뢰할 수 없다는 뜻으로 모든 사회문제의 발단이 된다.

"돈을 잃는 자는 많은 것을 잃는 것이며, 친구를 잃는 자는 더 많은 것을 잃는 것이다. 그러나 신뢰를 잃는 자는 모든 것을 잃는 것이다."

_엘리너 루스벨트

칭찬

• 칭찬은 고래도 춤추게 한다

사람을 움직이게 하는 방법은 많이 있지만 모든 사람들에게 칭찬만큼 큰 효과를 보이는 것은 없으며, 허물을 덮어 주고 칭찬해 주면 대부분의 사람들은 스스로 움직인다. 칭찬이 비판보다 10배의 효과가 있으며, 보통 사람들이 돈이나 성공보다 더욱 갈망하는 것이 바로 인정과 칭찬이다.

멘토링의 중요한 스킬 중 한 가지가 바로 멘토와 멘티가 서로 칭찬하는 것이다. 칭찬받고 인정받는 것은 누구나 다 좋아하고 일상생활에 있어 크나큰 활력소가 되며, 칭찬할수록 지속적으로 동기를 부여해 크나큰 성과를 내는 데 중요한 역할을 한다. 또한 칭찬은 하는 사람도, 받는 사람도 모두 성장하게 한다.

사람들은 인정받고자 하는 본능이 있기 때문에 멘토가 자신을 인정해 주었을 때 만족감을 느끼며, 인정받을 때 자신감이 생기므로 칭찬과 격려를 아끼지 말고 기회가 있을 때마다 그 자리에서 즉시 칭찬하는 것이 좋다. 다음은 칭찬 10계명으로 멘티의 동기부여를 위해 적절하게 사용해 보자.

〈칭찬 10계명〉

1) 칭찬할 일이 생겼을 때 즉시 칭찬하라.

2) 잘한 점을 구체적으로 칭찬하라.

3) 가능한 한 공개적으로 칭찬하라.

4) 결과보다는 과정을 칭찬하라.

5) 사랑하는 사람을 대하듯 칭찬하라.

6) 거짓 없이 진실한 마음으로 칭찬하라.

7) 긍정적인 눈으로 보면 칭찬할 일이 보인다.

8) 일이 잘 풀리지 않을 때 더욱 격려하라.

9) 잘못된 일이 생기면 관심을 다른 방향으로 유도하라.

10) 가끔씩 자기 자신을 칭찬하라.

타인을 사랑하기 위해서는 자신을 먼저 사랑하는 사람이 되어야 하고, 남을 행복하게 해 주기 위해서는 자신이 먼저 행복해야 하듯이, 타인을 칭찬하기 위해서는 자기 자신에게도 칭찬할 수 있는 사람이 되어야 한다.

• 자기 자신을 칭찬할 수 있는 멋진 인생

1992년 스페인 바르셀로나 올림픽 여자 마라톤 은메달을 목에 걸었던 일본 여자 마라톤 선수 아리모리 유코(有森 裕子)는 발바닥 수술 중 같은 병원에서 황영조를 만났다. 그는 같은 해 바르셀로나에서 남자 마라톤 금메달을 딴 한국의 마라톤의 영웅이었다.

"나는 금메달을 땄다. 당신은 은메달 아닌가. 한 번 더 도전해 보라."

그의 조언을 들은 아리모리 유코는 용기를 내어 슬럼프를 이겨 냈다. 그는 1996년 미국 애틀랜타 올림픽에서 동메달을 수상한 후 TV 인터뷰에서 이같이 말했다.

"生まれて初めて私が私をほめてあげたい(태어나서 처음으로 내가 나를 칭찬하고 싶다)."

이 같은 소감으로 더욱 유명해진 그녀는 1년 동안 가장 열심히 산 사람으로 선정되었으며, 그해 일본에서 유행어 1위에 등극되기도 했다. 앞선 바르셀로나 올림픽에서 은메달을 목에 걸었던 선수가 금메달도 아니고 동메달을 차지하고도 자기 스스로에게 칭찬할 정도로 좋아했던 이유는, 다름 아닌 발바닥 문제로 마라톤을 포기하려고 했으나 다시 목표를 세우고 자기 자신과의 싸움에서 승리했기 때문이다.

대부분의 사람들은 자기 자신에 대한 칭찬이 매우 인색한 편이다. 다른 사람들과의 경쟁에서 힘을 쏟다가 지쳐 쓰러지지 말고, 자기만의 목표를 세워서 그 목표를 이루도록 노력하며 아리모리 유코처럼 자기 자신을 칭찬할 수 있는 멋진 인생을 만들어 보자.

멘티라면 당연히 멘토에게 인정받고자 하는 욕구를 갖고 있다. 힘들어도 멘토의 칭찬 한마디면 쌓인 피로가 눈 녹듯 사라질 것이다. 한 연구 결과에 따르면 직장인이 상사의 인정을 받으면 직무 만족도가 2.5배 증가하고, 무시를 당하면 업무 성실도가 100의 1로 하락한다고 한다. 어리석은 리더는 직원들을 무시하면서 열심히 일하기만을 바라며, 현명한 리더는 직원들이 더욱 열심히 일할 수 있도록 인정과 칭찬을 아끼지 않는다.

칭찬은 비난의 7분의 1에 해당하는 무게라고 한다. 즉 칭찬을 7번 하고, 비난을 한 번만 해야 그 무게가 같다는 뜻이다. 비난은 잘못한 것에 집중하여 그것을 강조하면 할수록 더욱 잘못할 가능성이 커지고, 부정적인 힘만 커지므로 열심히 해 보려는 사람에게 매우 나쁜 영향을 미친다.

우리 인간을 변화시키는 것이 두 가지가 있는데, 하나는 교육이고 다른 하나는 사랑이다. 가정에서 부모들이 어린 자녀들에게 어떤 환경에서 자라게 하느냐에 따라서 자녀들의 미래는 달라지며, 꾸지람받으며 자란 아이는 비난하는 것을 배우지만 칭찬받으면서 자란 아이는 자신감을 배운다.

그러나 칭찬에도 긍정적 효과와 부정적 효과가 있으므로 조심해서 사용해야 한다. 칭찬이 의욕과 동기를 부여하는 데 효과가 있지만, 칭찬을 너무 남발하거나 적절하지 않게 한다면 오히려 아이들에게 부담이 되어 역효과를 낼 수 있으며, 이를 '**칭찬의 역효과**'라 한다.

사람들은 칭찬을 받으면, 칭찬하는 사람의 기대에 부응해야 한다는 부담감을 갖게 된다. 따라서 더 많은 성과를 내기 위해서 즐거움은 사라지고 순간순간 기대에 부응하는 것만을 위해 노력하다가, 지속적으로 성과를 내지 못하면 중도에 포기하게 된다.

실제로 영재들의 성장 과정을 조사한 보고서에 의하면, 지나친 기대감을 극복하지 못하고 평범하거나 평균 이하의 인생을 살고 있는 사람들이 많다고 한다. 이렇듯 칭찬하는 방법에 따라 그 효과는 전혀 달라질 수 있으므로, 제대로 칭찬하는 방법도 알아 둘 필요가 있다.

1) 성과와 능력 위주로 칭찬하는 경우

칭찬에 목마른 아이에게 가끔 쓸 수 있겠지만 대체적으로 부담만 준다. 칭찬하는 사람의 욕심이 들어가는 경우가 많으며, 격려해 준답시고 현실을 과대 포장해서 칭찬하므로 칭찬의 역효과를 유발하는 경우가 많다.

2) 과정과 노력을 칭찬하는 경우

앞서 말한 성과와 능력 위주의 칭찬보다는 좋은 방법으로, 노력에 집중하기 때문에 더 잘하려고 한다. 그러나 여전히 타인의 칭찬과 평가에 신경을 쓰게 되고, 자발성이 없어질 가능성이 존재한다.

3) 직접적인 칭찬이 아니고 대화와 질문을 통하여 관심을 보여 주는 경우

의욕과 능력을 키울 수 있는 가장 좋은 방법으로, 늘 관심을 갖고 지켜보며 평가는 스스로 하도록 배려한다. 현재 나타난 사실을 중심으로 이야기하며, 적절한 질문으로 스스로가 뿌듯함을 느낄 수 있도록 유도한다.

사람들을 능동적으로 움직이게 하기 위해서는 분명히 비판보다 칭찬이 훨씬 효과적이지만, 칭찬이 일회성으로 끝나거나 형식적이 되어서는 장기적으로 볼 때 별로 도움이 되지 않는다. 단순한 칭찬보다, 꾸준한 관심과 사랑이 더욱 오랫동안 지치지 않고 달리게 할 수 있다.

박수 소리가 들리지 않으면 더 이상 달리지 않는 사람이 되지 않도록 하기 위해서는, 매 순간 기분 좋게 하는 칭찬보다 지속적인 관심과 격려가 필요하다.

경청

멘토링의 기본은 소통이며, 원활한 소통을 위해서는 경청이 매우 중요한 요소 중에 하나다.

• 적극적으로 듣고 진지하게 대답하라

그저 귀를 열어 놓고 있는 것과 상대방의 말을 적극적으로 경청하는 것은 엄연히 다르다. 멘티는 적극적으로 자신의 말을 들어 주는 멘토를 선호하므로 멘티와 소통할 때는 멘티를 바라보면서 이야기에 집중하고, 고개를 끄덕이거나 맞장구를 치면서 멘티의 말을 잘 듣고 공감하고 있음을 표현해 주어야 한다.

경청이 중요한 이유는 상대방의 말에 경청함으로써 마음을 열어 깊이 있는 대화가 가능해지고, 상대방과의 친밀한 인간관계 형성이 가능해지기 때문이다. 결국 경청은 두 귀로 사람을 설득시키는 기술이다.

오래전에 회사에서 상사와의 갈등으로 심하게 스트레스를 받고 있을 때, 심리상담사를 찾아간 적이 있었다. 그동안 받은 스트레스와 불만을 토해 내는 동안 상담사는 공감이 간다는 표정으로 연신 고개만 끄덕여 주었을 뿐인데, 신기하게도 마음이 후련해지는 것을 느낄 수 있었다.

• 모든 상담의 기본은 경청이다

멘티가 고민 상담을 요청하면 그 자리에서 문제를 해결해 주기보다는, 일단 상담을 받으러 온 사람의 입장에서 공감하고 함께 아파하는 것만으로도 문제의 90%는 해결된다고 한다. 경청이 어려운 이유는 상대방이 이야기할 때 자신이 할 이야기를 미리 생각하고 있기 때문이다.

경청을 잘하는 사람은 '공감적 경청(Empathic Listening)'을 잘한다. '적극적 경청'이라고도 하는 공감적 경청은 상대방의 마음에 일어난 것 그대로를 명료하게 이해하기 위해 적극적으로 듣는 것을 말한다. 단순히 상대방의 이야기를 듣는 것에 머무르는 것이 아니라, 자신의 마음을 비우고 전념을 다해 상대방의 이야기를 듣는 것이다.

공감적 경청의 핵심은 공감하는 태도 그 자체다. 즉 상대에 대한 어떠한 판단이나 견해 없이 상대의 마음에 일어난 경험 그대로를 존중하며 함께 공유하는 것이다.

진정한 공감을 위해서 중요한 것은 진정으로 상대와 함께하고자 하는 태도이다. 그래서 성공한 기업인들의 가장 큰 공통점 중에 하나는 '경청과 메모의 습관'이라는 말도 있다. 그렇다면 공감적 경청의 기술에는 어떤 것들이 있을까?

1) 상대방을 쳐다보자.

잘 듣기 위해서는 상대방에게 시간과 마음을 내주어야 한다. 상대방이 이야기를 하는데도 다른 일을 병행해서는 안 된다. 하던 일은 일단 제쳐 두고 대화에 집중해야 한다. 만약 시간이 없다면 대화의 시간을 따로 마련하는 것이 좋다.

2) 상대방 이야기 중에 끼어들지 말자.

운전 중에 갑자기 끼어드는 차를 보고 기분이 좋을 사람은 없다. 대화에서도 마찬가지다. 대화 상대자가 끝까지 말할 수 있도록 기다려주어야 한다. 만일 상대방의 마지막 말까지 기다리기가 지루하다면 끼어들기보다는 맞장구를 활용하자.

나쁜 습관이란 것을 잘 알면서도 가끔 상대방이 내 생각과 다른 방향으로 이야기하면, 나도 모르게 참지 못하고 불쑥 끼어드는 버릇이 있다. 참 고치기 어렵지만 공감적 경청의 기술을 늘 상기하고 있어야 한다.

3) 상대방의 말을 이해하려고 노력하자.

한 연구에 따르면 대부분의 사람들은 상대방의 말이 끝나자마자 들은 내용의 50%를 잊어버린다고 한다. 시간이 지날수록 기억하는 양보다는 잊어버리는 양이 많아져서 하루가 지나면 25% 정도밖에 기억할 수 없으므로, 그냥 들어서는 안 되고, 머리와 마음으로 들어야 한다.

사람들은 무엇인가 목적을 가지고 대화를 하게 된다. 자랑하고 싶어서인지, 위로받고 싶어서인지 화자가 말하려는 의도와 숨겨진 감정을 읽을 수 있어야 한다. 서로 다른 목적을 가지고 대화를 나누면 진정한 내화를 하시 못하고, 오히려 갈등이 깊어질 수 있으므로 드러나는 말 뿐만 아니라 의도를 파악해 내는 것이 무엇보다 중요하다.

4) 상대방 이야기의 의도를 속단하지 말자.

상대방의 말을 듣다 보면 나의 감정이 격해지거나 몰입되어 앞서가는 경우가 생길 수 있다. 그러나 상대방이 말하고자 하는 의도와 핵심을 놓치지 않기 위해서는, 섣부른 판단을 유보하고 기다려야만 한다. 상대방이 말하고 있는데 자주 끼어드는 사람은 상대방이 말하는 의도를 속단해 버리는 나쁜 습관을 가지고 있는 것이다.

5) 가끔 듣고 있다는 반응을 보이자.

묵묵부답으로 듣고 있기보다는 상대에게 열심히 듣고 있음을 확인시켜 주기 위해 **"아, 그렇군요.", "바로 그게 중요하지요."**와 같이 맞장구를 치는 것이 좋다. 또 상대방의 말을 그가 사용한 언어로 요점을 정리해 준다면, 상대방은 더욱 신나게 말하며 더 많은 정보를 털어놓을 것이다. 만약에 심리상담사가 되고 싶다면 가장 신경 써서 훈련해야 할 부분이 아닐까 생각된다.

6) 적절한 질문을 던져 대화의 초점을 확인하자.

상대가 어느 정도 하고 싶은 말을 털어놓았을 때 간결하면서도 관심 어린 적절한 질문을 던져 생각을 확장할 수 있게 한다. 만약에 상대방의 말이 주제를 빗나가고 있을 경우에는 **"지금 말씀하시는 내용은 ~이지요?"**라는 질문을 던져 대화의 초점을 맞추어 간다. 상황에 맞는 적절한 질문은 화자를 더욱 신나게 하여 도움이 되는 많은 정보를 얻을 수 있다.

• 성공적인 의사소통을 위한 경청의 기술

듣기 능력은 훈련을 통해 증진된다. 그러기 위해서는 상대가 말하는 동안 끼어들거나 방해하지 않으려고 의식적으로 노력해야 한다. 만약 잘 듣는 것이 손쉬운 일이라면 경청의 중요성을 이야기할 필요도 없다. 그러나 잘 듣기 위해서는 많은 노력을 기울여야만 하고, 그 노력은 성공적인 의사소통과 성공적인 설득의 토대가 된다.

말하고 있는 사람은 듣고 있는 사람의 의도까지 파악할 수 있으므로, 듣고 있는 사람의 자세가 진실하지 못하다면 진솔한 대화는 이루어질 수 없다. 듣는 사람이 진정으로 호기심을 가지고 듣고 있는지, 진정으로 상대방을 배려하는지 그대로 드러나게 마련이므로, 진심으로 상대방의 이야기에 귀를 기울일 필요가 있다.

신입 사원들에게 강의를 하다 보면 설명을 매우 주의 깊게 듣고 질문을 잘하는 교육생이 있으며, 그 교육생은 좋은 성적으로 수료를 한다. 그 이유는 강사들이 강의 중에 시험과 관련된 내용을 강조하기 때문이며, 수업 시간에 졸지 않고 집중하면 어떤 내용이 시험에 나올지 정도는 예측이 가능하기 때문이다. 그리고 집에서 수업 시간에 표시해 두었던 요점만 복습하고 충분히 수면을 취할 수 있으므로 다음 날 있는 수업 시간에도 졸지 않고 집중할 수 있는 **'선순환'**이 계속된다.

그러나 수업 시간에 집중하지 못하고 멍하니 있다가 집에 오면, 어떤 내용이 중요한지 몰라서 수업 시간에 배웠던 내용 전부를 복습하느라 늦게까지 잠을 못 자고, 다음 날 있는 수업도 부족한 수면 때문에 집중하지 못하고 졸다 오는 **'악순환'**이 반복되는 것이다.

미국의 유명한 방송 진행자인 래리 킹은 대화를 잘할 수 있는 방법으로 다른 사람의 이야기를 잘 듣는 경청을 제일 우선순위로 꼽는다. 소통을 잘하기 위해서도 가장 중요한 것은 다름 아닌 **'경청의 기술'**이다. 화자의 말을 잘 듣고 있다는 표시로 눈을 자주 마주치면서 신뢰를 보여 주고, 상대방이 자기 의사를 충분히 이야기할 수 있도록 배려한다면 소통의 달인이 될 것이다.

합창에서 노래를 큰 소리를 부르면 다른 단원들의 노래 소리가 잘 들리지 않는다. 그러나 잠시 자신의 목소리를 낮추면 다른 단원들의 노래 소리가 또렷이 들린다. 세상을 살아가면서 가끔은 이렇게 자기 목소리를 낮추고 다른 사람들의 이야기에 귀를 기울일 필요가 있다.

*"신은 사람에게 혀는 하나만 주고 귀는 두 개를 주었습니다. 그 까닭은 우리가 말하는 것보다 두 배 이상으로 다른 사람의 말을 들으라는 것입니다."*_에픽테토스

질문

멘토는 사실상 멘티에 대해 모든 것을 다 알지 못하므로 모르는 것이 있으면 멘티에게 묻고, 어떤 지식을 가르쳐 줄 때에도 멘티에게 먼저 어느 정도 알고 있는지를 확인할 필요가 있다. 이러한 행동은 멘티로 하여금 자신을 존중한다는 생각이 들게 하여 자신의 의견과 아이디어를 충분히 말하게 하며, 멘티는 멘토가 하는 말을 더 잘 경청하게 되어 건강한 멘토링 관계가 가능하다.

• 좋은 답을 얻기 위한 좋은 질문

처음 만났을 때는 서로 알아 가기 위해 신상에 관계되는 질문이 필요하고, 목표를 정할 때는 멘티의 수준을 파악하거나 배우고 싶은 것이 무엇인지를 알아보기 위해 질문을 한다. 특히 목표를 정할 때는 멘토가 혼자서 정하는 것보다 멘티와 함께 소통하면서 정하는 것이 멘티의 자율성을 길러 주는 매우 효과적인 방법이다. 좋은 질문은 좋은 답을 얻을 수 있다. 계획을 수립할 때 다음과 같은 질문을 해 보자.

1) 원하는 결과는 무엇인가?
2) 원하는 바를 어떻게 달성할 것인가?
3) 어떤 행동이 필요할 것인가?
4) 선택한 행동의 결과는 무엇인가?
5) 그것을 어떤 방법으로 마칠 수가 있는가?
6) 어떤 자원이 필요한가?
7) 진행과정을 어떻게 관찰할 수 있는가?
8) 언제부터 시작할 것인가?

우리가 문제를 해결하지 못하는 것은 한편에 치우쳐서 그 문제를 바라보기 때문인 경우가 많다. 따라서 질문을 통해 문제를 바라보는 각도를 달리한다면, 문제를 새롭게 바라보면서 해결의 실마리를 찾을 수 있게 된다. 그래서 좋은 질문을 하게 되면 문제의 반은 해결한 셈이 되는 것이다.

멘토는 다음과 같은 적절한 질문법을 통하여 멘티 스스로 문제를 해결을 할 수 있도록 돕는 것이 중요하다. 질문의 종류에는 닫힌 질문과 열린 질문, 부정 질문과 긍정 질문, 책임 추구형 질문과 가능성 추구형 질문 등이 있으며, 아래와 같은 특징이 있다.

1) 닫힌 질문과 열린 질문

닫힌 질문 | **"예"** 또는 **"아니오"**와 같이 한정된 대답할 수밖에 없는 질문으로, 많은 정보와 생각을 이끌어 낼 수 없다. [예: 지난주 과제 다 했나요?]

열린 질문 | 대답이 여러 가지 나올 수 있는 질문으로, 대답 속에서 많은 정보를 얻을 수 있다. 멘티는 대답을 통해 스스로 문제점과 대책을 생각하고, 문제 해결의 필요성을 느끼게 된다. [예: **지난주 과제 어떻게 되었나요? / 지난주 과제를 하면서 어떤 생각이 들었나요?**]

2) 부정 질문과 긍정 질문

부정 질문 | 질문 속에 부정의 문구나 의미가 포함되어 있어 질문을 받는 사람이 지속적으로 부정적인 생각을 갖도록 한다. 예를 들어 **'과제를 못한 이유는 무엇인가요?'**와 같은 부정 질문은 멘티가 친구들과 술 마시며 시간을 헛되이 보낸 것, 게으름을 피우거나 미루던 버릇, 과제를 잊고 있었던 사실 등이 생각나게 할 수 있어 효과적이지 못하다.

긍정 질문 | 질문의 문구나 의미가 긍정적이어서 질문을 받는 사람의 잠재능력이 발휘될 수 있도록 도와준다. **'앞으로 과제를 제대로 완수하려면 어떻게 해야 할까?'**나 **'과제를 완수하였을 때 어떤 기분일까?'**와 같은 긍정 질문을 받을 경우 멘티는 술 마시는 시간을 줄이고 좀 더 열심히 과제를 실천한다든지 과제를 기억하기 위하여 과제실천계획표를 작성하여 책상 앞에 붙이는 등의 생각을 실천에 옮기게 된다.

3) 책임 추궁형 질문과 가능성 추구형 질문

책임 추궁형 질문 | 질문을 받는 사람이 책임을 추궁당하는 느낌이 들며 변명거리를 만들게 된다. **'왜 과제를 해 오지 않았나요?'**와 같은 질문에 멘티는 과제를 안 해 온 이유와 문제점을 얘기하면서 변명을 하기 쉽다.

가능성 추구형 질문 | 책임 추궁보다는 문제 해결 가능성에 초점을 둠으로써 미래의 가능성을 먼저 생각하도록 한다. **'과제 완수를 위하여 무엇이 필요한가?', '과거 과제를 마쳤을 때 어떤 기분이었나?', '3개월 후 과제를 완수하였다고 가정하였을 때 어떤 기분일까?'**와 같이 멘티는 과제 완수에 집중해서 필요한 잠재력을 이끌도록 하며, 생각뿐 아니라 긍정적 감정을 느끼게 하여 행동을 끌어낸다.

• 발전을 이끄는 질문의 힘

옛말에 **'병이 있으면 소문을 내라'**는 이야기가 있다. 소문을 내야 주위 사람들로부터 그들이 치료했던 소중한 경험을 배울 수 있기 때문이다. 오늘날 기술의 발전을 돌이켜 보면 질문 없이 이루어진 것이 아무것도 없다고 해도 과언이 아니다.

'새처럼 날 수 없을까?' '인생은 어디서 왔다가 어디로 가는가?'와 같이 간단한 질문에서부터 난해한 철학적인 질문까지 우리는 질문을 통해서 문제를 인식하고 해결하고 기술을 발전시켜 왔으며, 상대방의 경험과 지식을 이끌어 내는 열쇠가 바로 질문에서 비롯된다.

일본에 **'聞くは一時の恥, 聞かぬは一生の恥'**라는 속담이 있는데 해석하면, **'질문으로 잠시 수치심을 느낄 수 있지만, 모르면서도 질문을**

하지 않으면 평생 수치를 당할 수 있다'는 뜻으로 질문의 중요성을 잘 나타내고 있는 속담이다. 질문의 장점으로 다음과 같은 것들을 들 수 있다.

1) 질문을 하면 답이 나온다.

당연한 얘기겠지만 질문을 하면 몰랐던 것을 이해할 수 있게 된다. 모르는데 그냥 지나쳐서 평생 후회하지 말고, 모르면 당당히 질문을 하자.

2) 생각을 자극시켜 상상력을 키울 수 있다.

생각 없이 질문하는 사람은 없다. 질문을 하기 위해 많은 생각을 하며, 질문을 자주 하게 되면 상상력이 풍부해진다.

3) 관련 있는 다른 정보도 얻을 수 있다.

질문으로 생각지도 못했던 다른 사실도 알게 되며, 때로는 질문이 질문을 만들기도 한다.

4) 자신감을 얻을 수 있다.

질문으로 선생님에게 칭찬을 받게 되면 소극적인 태도가 적극적인 태도로 변하게 되며, 그로 인해 자신감을 얻게 된다.

5) 집중력을 높여 주어, 수업 분위기가 좋아진다.

질문과 대답이 오고 가다 보면 자연스럽게 소통이 되고, 수업을 능동적으로 참여할 수 있어 수업 분위기가 좋아진다.

6) 잘 몰랐던 친구들도 덤으로 알게 된다.

질문했던 친구는 물론이고, 잘 몰랐던 친구도 선생님의 설명을 듣고 이해할 수 있다.

7) 교사도 질문에 고무되어, 더 많은 것을 가르치려고 노력한다.

질문하는 학생들이 많으면 교사도 가르치는 보람을 느끼게 되므로 더욱 열심히 준비해서 수업의 품질을 높일 수 있고, 자기 수업에 흥미를 갖는 학생들에 고무되어 더 많은 것을 가르쳐 주려고 한다. 교사와 학생들이 서로 소통하면서 문제를 해결하는 질문식 수업 방식이 일방적 지식 전달 방식보다 효과가 높으며, 학생들의 창의력 향상에 큰 도움이 된다.

• 세계를 이끄는 유대인의 비법, 하브루타

포스코 정문에는 '자원은 유한 창의는 무한'이라고 큰 글씨로 쓰인 간판이 걸려 있다. 자원은 언젠가 고갈될 수 있지만 창의는 지구상에 인간이 존재하는 한 영원할 것이라는 뜻으로 창의력의 중요성을 강조한 것이다.

우리나라 부모는 자녀들에게 등굣길에 '장난하지 말고 선생님 말씀 잘 듣고 오라.'고 말하며, 이스라엘 부모는 '학교에 가면 무슨 질문할 거지?'라고 물어본다고 한다.

노벨상 수상자의 23%, 미국 명문대의 상징인 아이비리그 재학생의

20%, 억만장자의 40%를 차지하고 있는 유대인은 세계 인구의 0.2%에 불과하다. 손을 들어 궁금한 것을 묻고 자신의 의견을 이야기할 줄 아는 아이로 키우는 유대인의 질문식 자녀교육법이 유대인의 놀라운 업적을 만든 것이다.

하버드대 입학 논술 문제가 어릴 때부터 식탁에서 가족들과 나눈 대화보다 쉬웠다고 말하는 그들의 성공 뒤에는 '하브루타(질문과 토론식 학습법)'라는 위대한 키워드가 숨어 있다. '하브루타'는 의사소통 능력, 경청하는 능력, 설득하는 능력을 기르는 데 가장 효과적인 방법이다.

최근 들어 소통과 관계의 중요성은 더욱더 부각되고 있다. 아무리 좋은 아이디어와 생각을 가졌다 하더라도, 그것을 다른 사람에게 설명하지 못하고 설득하지 못하면 전혀 쓸모가 없다. 하브루타 자체가 대화하고 토론하는 것이기 때문에 저절로 다른 사람의 말을 경청할 수 있게 만들고, 다른 사람을 설득하는 능력을 길러 준다.

하브루타는 질문으로 시작해서 질문으로 끝내며, 질문이 좋아야 토론이 제대로 이루어질 수 있다. 무언가를 배우려면 의문을 가져야 하며, 의문을 갖는다는 것이 질문의 시작이며, 알면 알수록 의문이 더 생기고 질문 또한 늘어나서 인간을 성장시킨다.

삶에서 지름길을 찾는 가장 확실한 방법은 앞서간 사람들에게 길을 물어보는 것이다. 질문을 해야 답을 얻을 수 있고 도와 달라고 해야 도움을 받을 수 있다. 이처럼 도움이 필요하면 먼저 도움을 요청해야 하며, 요청하는 행위 자체가 알라딘의 요술 램프처럼 원하는 것을 얻게 해 주는 효과가 있다고 해서 이를 **'알라딘 효과'**라고 한다.

질문 속에 답이 있고, 호기심이 세상을 바꾼다. 어떤 현상에 대해서

의문이 생기면 관련 자료를 통해 원인을 알아내든지, 전문가를 찾아가 궁금증을 해결하는, **상황을 앞서 주도하는**(Proactive) **사람이 세상을 바꿀 수 있다.**

*"더 좋은 질문은 더 좋은 대답을 얻는다."*_「탈무드」

목표 설정

• 목표를 세울 때 주의해야 할 다섯 가지 사항

목표가 없다는 것은 과녁 없는 화살과 같다. 과녁을 향해 화살을 쏘고, 그 화살이 과녁에 얼마나 접근했는지 확인해야 방향을 수정해서 다시 쏠 수 있으며, 목표를 설정할 때는 현재 자기의 위치를 잘 알아야 한다. 멘토는 멘티에게 목표를 주어야 하며, 목표를 세울 때는 다음과 같은 점을 주의해야 한다.

1) 멘티와 충분히 대화를 하고 목표를 설정한다.

아무리 좋은 목표라고 해도 멘티의 생각을 무시하면, 목표를 달성하는 데 어려움이 생긴다.

2) 기대 수준을 너무 낮게 잡지 않는다.

기대 수준이 너무 낮으면, 결과물도 기준 이하가 되기 쉽다.

3) 멘티에게 기대하는 바를 몸소 실천한다.

멘토는 멘티의 거울이다. 멘티가 바르게 배울 수 있도록 몸소 행동으로 보여 줄 필요가 있다.

4) 멘티에게 자신감을 심어 준다.

멘티는 경험이 부족하므로 모든 것이 힘에 벅찰 수 있다. 과제를 수행하는 과정에서 자신감을 잃지 않도록 끊임없이 과정을 살피고 힘들어할 때는 격려를 통해서 자신감을 심어 주어야 한다.

5) 완벽을 요구하지 말라.

멘티는 멘토가 볼 때 부족한 것은 당연하며, 멘티에게 완벽을 요구하는 것은 애초에 무리다. 결과에 집착하지 말고 과정을 중시하며 멘토링을 해야 멘토와 멘티의 관계가 지속될 수 있다.

• 삶에 지향하는 목표가 있다면

군대에서 야간에 지도와 나침반을 주고 특정한 목표 지점을 빨리 찾아가는 독도법 훈련이 있는데, 우선 자기의 위치를 정확히 알아야 목표 지점을 실수 없이 찾아갈 수 있다. 위치를 정확히 모르고 막연하게 걸어가면 시간이 갈수록 목표 지점과 멀어질 수밖에 없으며, 빨리 가는 것이 중요한 것이 아니라 천천히 가도 목적지를 잘 잡고 가야 성공할 수 있다.

내비게이션이 가야 할 곳을 정확히 알려 줄 수 있는 것은, 인공위성이 현재 위치를 정확히 알려 주기 때문이며, 만약에 현재 위치를 잘 모른다면 목적지에 정확히 도달할 확률이 매우 낮다.

처음부터 달성하기 어려운 목표를 세워 그 목표 때문에 힘들어하기보다는, 처음에는 달성하기 쉬운 작은 목표를 세워 성공하는 습관을 만들 필요가 있다. 이후 차츰 좀 더 어려운 도전적인 목표를 세워 실행함으로써 목표 달성에서 오는 기쁨을 맛보게 되면, 어렵고 힘든 목표도 두렵지 않게 도전할 수 있게 된다.

처음에는 주먹만 했던 눈덩이를 계속해서 굴리다 보면 어느새 커다란 눈사람이 되는 것처럼, 어렵지 않은 작은 목표를 세워서 하나하나 달성해 나가면 원대한 꿈도 어렵지 않게 달성할 수 있다. 어떤 일이든 '천 리 길도 한 걸음부터'라는 생각으로, 감당하기 어렵고 힘든 목표라도 'Step by Step, Day by Day'로 한 걸음씩 나아가다 보면 어느새 원하는 목표에 도달할 수 있다.

삶에서 지향하는 목표가 있다면 다음과 같은 장점이 있다.

1) 삶의 방향을 뚜렷이 알게 해 준다.

목표는 어떤 상황에서든 내가 어떤 생각과 행동을 해야 하는지에 대한 방향을 설정해 주는 나침반이기 때문에 자신의 삶에 있어 무엇이 중요하고 무엇을 지향하며, 어떻게 살아야 하는지 그리고 이를 위해 오늘, 다음 주, 다음 달, 내년에 어떤 일을 해야 하는지를 뚜렷이 알게 해 준다.

2) 인내하는 힘을 길러 준다.

회사에 신입 사원들이 입사를 하면 서로 빨리 친숙해지도록 '팀빌딩'

을 한다. 한 조에 6~7명 정도로 조를 편성하고 조별로 게임을 하는 것인데, 가장 기억에 남는 게임은 가장 오랫동안 크게 웃는 '박장대소' 게임이다. 쉬지 않고 가장 오랫동안 크게 웃으면 우승하는 게임으로, 처음에 이 게임을 개발해서 실시해 보니 먼저 나와서 웃는 선수가 가장 불리하다는 것을 알았다. 그 이유는 앞에 나와서 웃었던 선수를 이기기 위해서 뒤에 도전하는 이들이 힘들어도 참고 조금이라도 더 오랫동안 웃기 때문이다.

이렇게 목표가 생기면 인내하는 힘이 생긴다. 따라서 진정한 승부를 위해서는 앞에서 웃었던 선수의 시간을 모르게 해야 한다는 것이다.

3) 목표 궤도에서 벗어나지 않게 해 준다.

자신이 설정한 목표에 에너지를 집중할 수 있게 되어, 외부의 사건이나 간섭에 휘말려 궤도를 완전히 벗어나는 일을 방지할 수 있다.

4) 주도적인 인생을 살 수 있다.

다른 사람의 결정에 따라 움직이는 것이 아니라 무엇이 자신에게 중요한 일인지 스스로 판단할 수 있기 때문에 인생을 주도적으로 살 수 있다.

5) 시간을 효율적으로 사용한다.

시간 단위로 일의 우선순위를 구체적으로 매길 수 있어, 시간을 헛되이 낭비하는 일이 줄어든다.

6) 미래 지향적인 사고를 갖는다.

목표를 달성하고 다시 새로운 목표를 수립하는 과정에서 자신감을 갖게 되어 미래 지향적인 사고와 긍정적인 마인드를 심어 준다.

7) 불안과 불만이 사라진다.

타성에 젖어 현실에 안주하는 법이 없고, 막연히 불만을 가지거나 무엇을 할지 모르는 경우가 발생하지 않는다.

8) 성취감과 행복감을 느낀다.

목표를 향해 성취하는 과정에서 즐거움을 느끼며, 주변에서 인정해 주었을 때 행복감을 느낀다.

• 어떠한 목표를 설정해야 할까?

그 외에도 많은 장점이 있으며, 어떠한 것들을 목표로 설정하는 것이 좋은지 살펴보면 다음과 같다.

1) 가슴이 두근거리는 목표를 세운다.

'그 목표가 달성되면 내가 어떻게 좋아질까?'를 생각하여 가슴이 벅차오르는 목표를 대상으로 하는 것이 중간에 쉽게 포기하는 것을 막을 수 있다.

2) 몰입할 수 있는 목표를 세운다.

처음에는 목표를 달성할 수 있는 습관을 만들기 위해 비교적 쉬운 목표를 세워서 도전하지만, 어느 정도 목표 달성 습관이 생기면 몰입 없이 달성할 수 있는 평이한 목표는 쉽게 흥미를 잃고 중간에 그만둘 가능성이 있으므로, 몰입해야 달성할 수 있는 목표를 세운다.

3) 구체적이고 명료한 목표를 세운다.

목표가 구체적이지 못하고 추상적이면 그냥 상상만 해 보는 허황된 꿈에 불과하다. 훌륭한 사람 또는 행복한 사람이 되겠다는 막연한 목표보다는 달성했을 때 무엇이 나아지는지를 생각하고 구체적으로 목표를 정해야 한다. 그리고 무엇을 어떻게 해서 언제까지 달성할지를 구체적으로 수립해야, 중간에 포기하지 않고 끝까지 실행하는 힘을 유지할 수 있다.

4) 사회에 선한 영향력을 끼칠 수 있는 목표가 되어야 한다.

자기 자신만을 위한 목표라면 그것은 야심에 불과하다. 다른 사람들을 유익하게 할 수 있는 목표라야 진정으로 우리를 행복으로 인도할 것이다. 원한을 갚기 위해 복수를 목표로 한다든지, 부자가 되기 위해 은행을 턴다든지 하는 나쁜 목표는 달성된다고 해도 행복이 아니라 불행으로 끝난다.

• 목표를 실천에 옮기기까지

다음과 같은 순서와 방법에 의하여 목표를 수립하고 실행에 옮긴다.

1) 단기 목표와 장기 목표를 구분해서 수립한다.

목표를 세분화하여 쉽고 단기간에 할 수 있는 것은 단기 목표로, 어렵고 시간이 많이 필요한 것은 장기 목표로 정한다. 처음부터 달성하기 어려운 목표에 도전하다가 포기하는 경우가 생길 수 있으므로, 작은 것이라도 목표를 달성하는 습관을 길러 자신감이 생기면 조금씩 어려운 목표에 도전한다.

2) 목표 달성 일자를 정한다.

만약에 어학 공부를 위해서 외국어 책을 본다면 일주일 정도 학습을 해 보고 일일 학습량을 정한 후, 최종 목표 달성 일자를 정한다. 전체 페이지를 하루에 학습 가능한 페이지로 나누면 목표 달성 소요 일자를 알 수 있다. 목표 달성 일자를 계산할 때는 실행 과정에서 피치 못할 사정으로 학습을 못할 것을 감안해서, 가능하면 휴일은 포함시키지 않는다. 다만 목표 달성 기간을 너무 길게 잡으면 목표에 대한 몰입도가 떨어질 수도 있으므로, 너무 느슨하게 일정을 잡지 말아야 한다.

3) 목표를 달성하기 위한 모든 방법을 적어서 매일매일 실천을 한다.

목표가 있어 매일매일 해야 할 일이 있다면, 삶이 진부하거나 지루하다고 느낄 시간이 없다. 만약에 목표를 토익 점수 900점이라고 정했다면, 우선 토익 관련 서적을 구입하여 하루에 공부해야 할 목표를 정하고, 그날에 공부해야 할 목표량은 반드시 그날 끝내도록 한다. 어쩔 수 없는 상황이 발생해서 학습을 못 했을 때는, 처음부터 계획에 반영되지 않았던 토요일이나 일요일을 이용해서 보충하는 방법으로,

주간 단위로 꼭 계획된 학습량을 채우도록 노력한다.

• 4개월 만에 달성한 목표

  몇 년 전에 '하루에 30분씩 일주일에 5일 이상 연습하여 3년 후 요
양원에서 기타 치며 찬양으로 기쁨을 드리자.'라는 목표를 정했던 경
험이 있다. 음악적 소질이 없다고 해도 3년 정도 열심히 배우면 간단
한 복음성가 정도는 기타로 연주할 수 있지 않을까 하는 막연한 생각
으로 목표 달성 일정을 3년으로 정했는데, 기타를 배우기 시작한 지
4개월도 채 되기 전에 요양원에서 기타 연주를 하게 되었다.

이유는 아주 우연히 찾아온 기회 때문이었다. 일주일에 한 번씩 요양원에서 어르신들을 위해 피아노에 맞추어 찬양을 하는데, 어느 날 피아노 반주자가 개인 사정으로 참석하지 못하자, 피아노를 대신해 기타로 반주를 해 달라는 부탁을 받은 것이다. 그 이후로 당초에 생각했던 시간보다 더 많은 연습을 하게 되었고, 연주 실력이 매우 빠르게 향상되는 것을 경험하게 되었다.

• 목표를 달성하는 열쇠

타고난 머리는 그렇더라도 집중력은 노력 여하에 따라 충분히 향상시킬 수 있으므로 목표를 세우고 집중해서 노력하는 훈련이 필요하다. 집중력이 좋기 때문에 목표를 달성하는 것이 아니고, 목표가 있기 때문에 집중력이 생긴다는 것을 알아야 한다.

2003년 2월 미국 일간지 USA TODAY는 미국인을 대상으로 새해 목표 성취에 관한 조사 결과를 보도했다. 새해에 목표를 세웠지만 글로 옮겨 적지 않은 4%는 목표를 이루지 못했고, 목표를 세우고 글로 적어 놓은 46%는 목표를 이루었다고 한다.

목표를 갖고 있다고 해도 막연하고 추상적인 목표는 도움이 되지 못한다. 목표가 설정되면 구체적인 실천 계획과 목표 달성 일자를 정하고, 그 목표를 보기 쉬운 곳에 붙여 둔 후 지속적으로 목표 달성을 위해 생각하고 실행으로 옮겨야 한다. 이러한 습관이 목표를 달성하게 해 주는 열쇠인 것이다.

행복은 멀리 있는 것도 아니며, 좋지 않은 상황이라고 해서 행복해질 수 없는 것이 아니다. 작지만 소중한 일을 목표로 정하고 실천해 보자. 그리고 내비게이션을 업데이트하지 않으면 새로운 길이 아닌 옛날 길로 우회전 하듯이 목표가 있어도 시대에 뒤떨어지는 목표라면 최신 목표로 계속해서 업데이트해야 한다.

혹시 목표가 없다면 지금이라도 가지고 있는 수첩에 하고 싶은 일, 또는 목표가 될 만한 일들을 적어 보자. 그것이 당신을 행복하게 만들어 줄 것이다.

*"인생의 비극은 목표에 도달하지 못한 데 있는 것이 아니라 도달하려는 목표가 없는 데 있다."*_에머슨

*"계획하지 않는 것은 실패를 계획하는 것과 같다."*_에피 닐 존스

*"목표는 꼭 달성하기 위해 세우는 것이 아니다. 조준점 역할을 하기 위해 세우는 것이다."*_조제프 주베르

시간 관리

시간 관리란 목표를 세우고 시간을 효율적으로 사용하기 위해 계획하고 관리하는 것을 말한다. 다시 말해 '**하지 않아도 될 것을 찾아 없애고, 그 빈 자리에 해야 할 것을 채워 넣는 것**'이 시간 관리이다. 시간이 없다는 뜻은, 우리가 무언가를 포기하지 않기 때문에 새로운 것에 도전할 시간이 없다는 것이다. 무언가 새로운 도전을 꿈꾼다면, 잠을 줄이거나 가치 없는 일을 포기하고 새로운 시간을 만들어 내야 한다.

많은 사람들이 입버릇처럼 시간이 없다고 하면서 인생에 있어서 별로 중요하지 않은 일을 놓지 못한다. 이는 한 손에 사과를 들고 또 배를 들려고 하는 격으로, 사과를 내려놔야 배를 안전하게 들 수 있는 것처럼, 시간이 없는 와중에 무언가를 이루려고 하면 중요하지 않은 그 무엇인가를 하지 말아야 한다.

바쁜 일과 중에도 시간을 내어 멘토링 활동을 한다는 것은 처음에는 부담이 될 수도 있지만 멘토는 멘티의 입장과 시간 계획 등을 고려하여 멘토링 활동 시간을 가져야 한다.

멘티의 시간을 자신의 시간처럼 존중할 것이며, 특히 멘티가 부하 직원일 경우, 멘토링 스케줄을 항상 높은 우선순위에 두어야 한다. 만약 멘티와의 약속을 잊어버린다든가 업무로 인해 멘토링 계획이 자주 바뀌거나 취소되면, 멘토—멘티 간의 신뢰가 유지될 수 없으므로 멘토링 효과를 기대하기 어렵다. 따라서 시간 관리를 철저히 해서 신뢰받는 멘토가 되어야 한다.

• 누구에게나 동일하게 주어진 시간

누구나 주어진 시간은 하루에 24시간이다. 하지만 그 시간을 얼마나 효율적으로 사용하느냐에 따라 시간의 효용성은 전혀 달라진다. 비효율적으로 살아가는 사람은 늘 시간에 쫓겨 살지만, 효율적으로 살아가는 사람은 늘 시간을 관리하며 살기 때문에 여유로운 생활을 할 수 있다. 이 공명정대한 24시간을, 활용을 잘하느냐 못하느냐에 따라 20시간이 될 수도, 28시간이 될 수도 있다. 시간은 다음과 같은 특징을 갖고 있다.

1) 시간은 변경할 수 없다.

세상 사람 누구도 시간을 과거로 되돌리거나 미래의 시간을 미리 당겨 올 수 없다. 지금 이 순간에도 시간은 흘러가며, 붙잡아 두고 싶은 만큼 행복하고 소중한 시간일지라도 어쩔 수 없이 흘려보내야 한다. 반대로 잊고 싶을 만큼 지긋지긋한 시간도 때가 되어야 지나간다. 야

속하게도 행복한 시간은 너무나 빨리 지나가는데, 힘들고 어려운 시간은 느려도 너무 느리게 흘러간다. 만약에 인생이 100세까지 살 수 있도록 정해져 있다면, 유아기와 노년기를 매우 짧게 하고 꿈과 희망이 넘치는 청춘 시절을 가장 길게 하고 싶지만, 안타깝게도 그것은 불가능하다.

2) 시간은 저장할 수도 다른 사람에게 양도할 수도 없다.

한가할 때 시간을 저장해 두었다가 바쁠 때 꺼내 쓰고, 그래도 여유가 있으면 밤을 새워 공부하는 수험생들에게 나누어 주고 싶은데, 아쉽게도 시간은 저장할 수도, 다른 사람에게 양도해 줄 수도 없다.

3) 시간은 누구나 공평하게 똑같이 주어진다.

권력이 있든 없든, 돈을 많이 가졌든 적게 가졌든, 시간은 차별이 없으며 누구에게나 똑같다. 다만 사용하는 사람에 따라 시간을 소중하게 쓸 수도, 흥청망청 낭비하며 사용할 수도 있다.

• 소중한 시간을 관리하기 위한 여섯 가지 요령

누구에게나 똑같이 주어졌고, 늘릴 수도 줄일 수도 없는 시간을 잘 관리하기 위해서는 다음과 같은 시간관리 요령을 숙지하고 실천하여 소중한 시간을 낭비하지 말아야 한다.

1) 목표를 설정하자.

시간 관리의 목적은 시간을 효율적으로 사용하여 어떤 목적을 달성하기 위함이므로, 목표가 없으면 시간을 관리하기가 어렵다. 즉 무슨 일을 언제까지 하겠다는 목표가 있어야 시간을 정확하게 관리할 수 있다.

2) 목표 달성 일자를 정하고 철저히 지키는 습관을 기르자.

시간관리의 포인트는 오늘 해야 할 일을 내일로 미루지 않는 것이며, 종료 일자가 없는 목표는 달성을 보장하기 어렵다.

3) 메모하는 습관을 기르자.

인간의 기억력은 한계가 있으며, 이를 극복하는 길은 메모하는 습관뿐이다. 기록한다는 것은 다시 한 번 그 내용을 상기시켜 잊지 않도록 하는 것으로, 언제 어디서나 기록하는 습관에서 시간 관리는 시작된다. 기록과 함께 그 내용을 다시 한 번 기억하고, 우리의 뇌에 각인시켜 줌으로써 지식이 쌓이게 되며, 그 지식은 일 처리를 더욱 효과적으로 할 수 있도록 도와준다. 특히 책을 읽은 후 따로 기억하고 싶은 내용이 있으면 바로 핸드폰에 있는 메모장에 기록했다가 필요할 때마다 반복해서 읽어 보는 것을 추천한다.

4) 일의 우선순위를 만들고 지킨다.

한정된 시간에 많은 일을 한꺼번에 할 수 없으므로 일의 우선순위를 정해서 실천할 필요가 있다.

5) 자투리 시간을 활용하자.

하루의 일과를 시간 단위로 분석해 보고 의미 없이 보내고 있는 시간이 있다면, 목표를 달성하기 위한 일들로 채워 넣는다.

**6) 해야 할 일과 포기해야 할 일을 구분하고 포기할 일을 빨리 청산
하자.**

지금 해야 할 일과 하지 않아도 되는 일을 구분하지 못하면, 한정된
시간에 해야 할 것과 하고 싶은 것을 다 할 수 없으므로, 매일같이 시
간이 부족해서 허둥댈 수밖에 없다.

• 신이 내려 준 가장 귀한 선물, '지금'

앞에서 설명한 시간 관리 요령을 정리해 보면, 목표를 세우고 그 목
표를 달성하기 위해 일의 우선순위를 정한 뒤 우선순위가 낮은 일은
포기하고, 자투리 시간을 잘 활용해서 남은 시간에 새로운 목표를 세
워 실행하거나, 취미 활동 등을 통해서 여유로운 생활을 하는 것이 시
간 관리의 목적이다.

세상에는 소금, 황금, 지금이라는 중요한 세 가지 금이 있는데, 이
중에서 가장 중요한 것 하나를 꼽으라면 바로 지금이다. 과거는 부도
수표로 이미 지나간 기억 속의 환상에 불과하며, 미래는 어음으로 아
무도 알 수 없는 미스터리이지만, 현재는 현금으로 지금 이 순간이 우
리에게 신이 내려준 가장 귀한 선물이다.

성공하는 사람은 시간을 잘 관리하는 사람이며, 시간을 잘 관리한
다는 것은 곧 사용하는 시간의 효용성을 높인다는 것을 의미한다. 그
리고 시간의 효용성을 높이려면 방해받지 않는 자기만의 시간을 가져
야 하며, 특히 빈틈없이 스케줄을 관리해야만 한다.

사회생활에 지장을 주지 않고 방해받지 않는 시간을 확보하는 가장 좋은 방법은 새벽 시간을 활용하는 것이다. 물론 밤 시간을 활용할 수도 있지만 잠을 늦게 자면 일상생활에 무리를 줄 수도 있으므로 새벽 시간이 더 효과적이다.

• 돈으로 시계는 살 수 있어도 시간은 살 수 없다

돈을 계획적으로 지출하고 낭비를 줄이기 위해서 가계부를 사용하는 것처럼, 시간을 낭비하지 않고 유용하게 쓰기 위해서 우리는 시간 관리가 필요하다.

카지노에는 시계, 창문, 거울이 없다. 그 이유는 이 세 가지는 자신을 돌아보게 하기 때문이다. 시계를 보면서 인생을 보고, 창문을 보면서 주변을 보며, 거울을 보면서 현재의 자신을 돌아보게 되므로, 만약 카지노에 있는 사람들이 자신을 돌아보게 되면 돈에 집착할 수도 없고, 또 그렇게 되면 제정신을 차리게 되면서 자기 자리로 돌아가 카지노에 오는 사람들이 줄어들게 된다.

돈과 시간에는 한 가지 공통점이 있는데, 미리 떼어 두지 않으면 중요할 때 쓸 수가 없다는 것이다. 쓰고 남으면 저축을 하겠다고 하는 사람은 부자가 될 수 없고, 시간이 없어서 하고 싶은 일을 못한다고 하는 사람은 꿈을 이룰 수 없다.

이 세상에는 한 번 지나가면 다시 돌아오지 않는 것이 세 가지가 있는데 그것은 **활시위를 떠난 화살, 입에서 나온 말, 그리고 '지나가 버린 시간'**이다.

"시간을 지배할 줄 아는 사람은 인생을 지배할 줄 아는 사람이다."

_에센바흐

"변명 중에서도 가장 어리석고 못난 변명은 '시간이 없어서'라는 변명이다."_에디슨

"승자는 시간을 관리하며 살고, 패자는 시간에 끌려 산다."_J. 하비스

인내

"인간은 패배했을 때 끝나는 것이 아니라, 포기했을 때 끝나는 것이다."

멘토에게는 뻔히 보이는 답을 멘티가 찾지 못하고 헤맬 때, 이를 스스로 찾을 수 있도록 인내심을 가지고 기다려 주는 것은 시간 낭비가 아니라 멘티를 성장시키는 일임을 명심해야 한다. 멘토링은 한 번 하고 끝나는 것이 아니고 지속적인 헌신과 인내가 필요하다.

• 헬렌 뒤에는 설리번이 있었다

1880년 미국에서 태어난 20세기 위대한 여성 헬렌 켈러는 태어난 지 19개월 만에 열병을 앓아 눈과 귀가 멀게 되었다. 시간이 갈수록 헬렌은 점점 난폭해져 언제나 괴성을 지르고 사나울 대로 사나운 모습을 하고 있었다. 의사들도 치료 불가능을 선언했으며, 온종일 독방에서 생활하게 되었다.

하지만 이런 헬렌에게도 희망의 빛은 보이기 시작했다. 바로 '설리번' 선생님이었다. 설리번 선생님은 헬렌의 삶을 다시 가꿔 준 사람이기도 하다. 설리번 선생님은 헬렌의 손바닥에 글씨를 써서 사물들의 이름을 헬렌에게 가르쳐 주었다. 쉼 없는 사랑과 인내로, 홀로 어둠 속을 헤매던 헬렌에게 말과 글은 물론 인생의 진정한 의미를 깨우쳐 주었다.

헬렌은 설리번으로부터 사랑에서 노력을 배웠고, 노력에서 성취를 배웠으며, 성취에서 인내를 배웠고, 인내에서 기쁨을 배웠고, 기쁨에서 용기를 배웠다. 결국 헬렌 켈러는 불가능하다 여겨졌던 대학 입학을 하게 되었다. 헬렌은 전 세계 장애인들에게 희망을 주었고, 다양한 활동으로 **'빛의 천사'**로 불렸다. 이런 헬렌 켈러의 위대함은 설리번 선생님의 헌신적인 사랑과 인내가 있었기에 가능했다.

• 10년 법칙, 1만 시간의 비밀

스톡홀름 대학교의 앤더스 에릭슨 박사는 인간의 습관과 관련하여 10년 법칙이라는 용어를 사용했다. **'10년 법칙'**이란 어떤 분야에서 최고 수준의 성과와 성취에 도달하려면 최소 10년 정도는 집중적으로 준비를 해야 한다는 뜻이다. **'1만 시간의 법칙'**과 같은 의미로 사용되고 있으며, 그 뜻은 어떤 분야의 전문가가 되려면 적어도 1만 시간이 필요하며, 이는 하루에 3시간씩 10년 동안 노력해야 된다는 것이다.

예를 들어 김연아 선수가 피겨 여왕이 되기까지 걸린 시간과, 안철수 박사가 한국 최초로 컴퓨터 백신을 개발하는 데 소요된 시간이 적어도 1만 시간이 넘는다는 것이다. 물론 누구나 10년 동안 한 분야에 집중해서 공부하고 연마하면 세계 정상이 되거나 큰 업적을 이룬다는 뜻은 아니다. 사람마다 타고난 능력과 재주가 다르기 때문에 개인에 따라서는 2배, 아니 그 이상 노력해도 그들만큼의 성과를 못 올리는 경우가 많다.

따라서 '**1만 시간의 법칙**'은 특정 분야에 하루에 3시간 이상 투자하여 10년 정도 계속할 수 있다면, 적어도 그 분야에서만큼은 전문가가 될 수 있다는 상징성을 나타내는 말로 받아들이면 된다.

나도 '**일본어 교사 자격증**'을 취득하기 위해 1만 시간 가까이 공부를 했다. 나보다 적은 시간을 투자하고도 일본어 실력이 훨씬 좋은 사람도 많이 있었다. 그러나 나는 목표했던 대로 일본어 교사 자격증을 취득하는 데 성공했다. 분명한 것은, 목표를 정하고 적어도 10년간 지속적으로 노력한다면 목표를 달성하지 못할 사람이 없다는 것이다.

만약에 '**나는 능력이 없어서 안 돼**'라고 말하는 사람이 있다면, 정말로 당신이 원하는 그 일에 1만 시간을 투자했는가 자문해 보기 바란다. "石の上にも三年(돌 위에서도 3년)"이라는 일본 속담이 있다. 아무리 딱딱하고 차가운 돌일지라도 3년만 앉아 있으면 따스해진다는 뜻으로, 무슨 일이든 참고 견디면 뜻하는 바를 이루어 낼 수 있다는 의미로 사용된다. 돌은 원래 차가운 성질을 지닌 존재로 불에 달구지 않는 한 따스해지지 않는다. 그런 차가운 존재를 따스한 존재로 변화시키려면, 어떠한 어려움이 있어도 중단하지 않고 지속할 수 있는 인내력이 필요하다.

내가 만약 어학 공부를 하기 위해 외국어 책을 산다면, 우선 첫 페이지에 공부를 시작한 날짜를, 마지막 페이지에는 공부를 마치는 날짜를 기록한다. 즉 책 한 권을 다 보는 데 소요되는 학습 기간을 미리 정해 놓는 것으로, 끝까지 포기하지 않고 책을 다 보겠다는 의지의 표현이다.

간혹 어떤 사람들은 예상치 못한 사정으로 1개월 이상 공부를 못해서 앞에서 학습한 내용 중 일부를 잊어버렸거나 이해가 안 된다고 다시 맨 처음으로 돌아가서 공부하는 경우가 있다. 그러나 그렇게 공부하는 사람들은 책을 끝까지 다 마치지 못하고 중간에 포기하는 경우가 대부분이다.

어떤 사정으로 공부가 중단되어 앞에서 공부했던 내용 중 일부를 잊어버렸다 해도, 우선 끝까지 책을 읽은 다음에 다시 처음부터 보게 되면 공부를 시작했던 때보다 절반 정도의 짧은 기간 안에 책을 다시 볼 수 있으며, 이렇게 반복해서 동일한 책으로 공부하다 보면 자기도 모르는 사이에 책 속에 들어 있는 내용을 대부분 이해할 수 있게 된다.

• 임계점을 지나 싱귤러 포인트를 향하여

물은 끓기 전까지는 별다른 변화를 보이지 않다가, 마침내 100℃에 가까워지면 기포와 함께 부글부글 끓어오른다. 이렇게 액체에서 기체로 변화되는 지점을 '임계점'이라고 하며 배움과 노력, 도전 등 세상의 모든 변화에는 이렇게 임계점이 존재한다.

물의 온도를 99℃까지 올려놓고도 1℃를 채우지 못하여 임계점에 이르지 못하면 물이 끓지 못하는 것처럼, 어떤 일을 시작해서 가시적인 성과를 내려면 반드시 임계점을 극복해야 한다.

새로운 일을 시작해서 성공할 때까지를 그래프로 나타낸 것이 [그림-1 성공곡선]이다. 사람들은 보통 시간과 노력을 들이면 조금씩 성과가 나타나서 마침내 성공을 거머쥐게 된다고 착각하는 경우가 많은데, 실제 성공곡선의 모양은 우리의 생각과는 다르다.

아래의 성공곡선은 X축이 어떤 일에 투자한 시간 또는 노력이고, Y축은 성과 즉 결과물을 나타낸다. 어떤 목표를 정하고 그 목표를 달성하기 위해 많은 시간과 노력을 투자해도 어느 시점 전까지는 성과가 좀처럼 나타나지 않다가, 갑자기 성과가 크게 나타나는 포인트를 '싱귤러 포인트(singular point)'라고 한다. 이러한 메커니즘을 이해하지 못하고 싱귤러 포인트 근처에서 아쉽게도 포기하는 사람들이 많다.

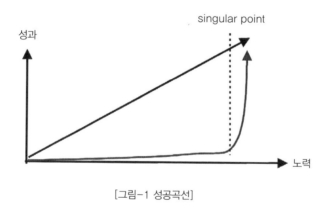

[그림-1 성공곡선]

JPT(일본어능력시험)를 준비하면서 경험했던 공부 시간과 취득 점수와의 관계를 [그림-2 성공 Step 그래프]로 만들어 설명하고자 한다. X축은 투자한 시간 또는 노력이고, Y축은 성과 즉 JPT 점수를 나타낸다.

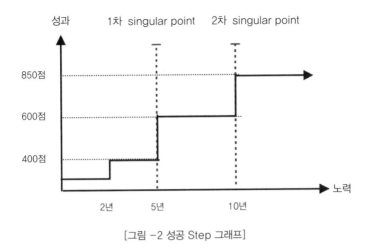

[그림 -2 성공 Step 그래프]

시험을 준비하기 시작해서 하루 3시간 이상 2년 정도 공부한 후 시험을 보면 400점(C급 수준), 5년 정도 계속하면 600점(B급 수준), 10년간 포기하지 않고 계속하면 850점(A급) 이상을 취득할 수 있었다는 것을 설명하는 그래프이다. 여기에서 중요한 것은 많은 사람들이 처음 2년간은 열심히 공부해서 350~450점을 취득하지만 그 후 2~3년 동안 꾸준히 공부를 했는데도 불구하고 점수가 오르지 않으면 스스로 어학적 재능이 없다고 판단하고 포기하는 경우가 많다는 것이다.

그러나 그래프와 같이 조금만 더 참고 계속 공부하는 사람은 1차 싱귤러 포인트에 도달해서 오르지 않던 점수가 600점대로 껑충 올라간다. 다시 A급을 목표로 도전해서 3~4년간 지속적으로 공부해도 성적이 오르지 않게 되면, 또다시 사람들은 능력의 한계라고 생각하고 포기하지만 끈기가 있는 사람들은 1차 싱귤러 포인트를 경험했던 기억을 떠올리며 유학을 다녀온다든지 아니면 외국인 친구를 만든다든지,

새로운 학습 방법을 접목시켜 2차 싱귤러 포인트에 도달하게 되어, 850점 이상 고득점을 취득하게 된다.

목표 달성 과정을 Step 그래프를 이용하여 설명한 이유는, 조금만 더 참고 견디면 싱귤러 포인트를 만나서 점수를 한층 높게 도약시킬 수 있는데, 안타깝게도 이 싱귤러 포인트를 만나기 직전에서 포기하는 사람들을 적지 않게 만나 보았기 때문이다. 이처럼 성공이란 '**다른 사람들이 참을 수 없는 일을 참아 내는 사람이 누릴 수 있는 특권**'이다.

• 성공, 대역전승의 비결

세계적인 발레리나 강수진 씨의 발과 세계적인 피아니스트 박지혜 씨의 손을 보면, 도저히 인간의 발과 손으로 보이지 않는다. 그들이 세계적으로 훌륭한 발레리나와 연주가로 성장하기까지 얼마나 인내하고 연습에 연습을 거듭했을지 그들의 발과 손만 보아도 미루어 짐작할 수 있다. 이처럼 그들이 보통 사람과 다른 이유는 한 번 목표를 정하면 끊임없이 노력하고 열정을 다해 끝까지 최선을 다하는 것이며, 끝까지 하는 힘이 성공의 열쇠다.

2016년 브라질 리우 올림픽 펜싱 에페 결승전에서 우리나라 박상영 선수가 헝가리의 게자 임레 선수에게 10:14로 패배 직전까지 몰린 순간에도 포기하지 않았고, 잠시 주어진 휴식 시간에 그의 입술은 '**할 수 있다**'를 계속해서 되뇌고 있었다. 결국 그는 누구도 예상하지 못했던 대역전승을 거두고 영광스럽게 금메달을 목에 걸었다. 끝까지 포기하지 않으면 기회는 반드시 올 것이라는 생각으로 마지막까지 포기하지 않고 최선을 다한 그에게 온 국민은 박수 갈채를 보냈다.

스탠퍼드 대학 연구원들이 600명의 아이들을 대상으로 다음과 같이 아주 재미있는 실험을 했다. 아이들을 방에 혼자 있게 한 다음, 마시멜로를 하나 주고 15분 동안 이 마시멜로를 먹지 않고 기다린다면 마시멜로를 하나 더 주겠다고 약속을 하고, 몰래 카메라를 설치하여 어린아이들을 관찰한 실험이다.

관찰 결과, 어떤 아이들은 먹지 않고 참으면 마시멜로를 더 받을 수 있다는 연구원의 말을 무시하고 마시멜로의 달콤한 유혹에 빠져 참지 못하고 먹었지만, 또 어떤 아이들은 2배의 달콤함을 위해 15분이라는 긴 시간을 참아 2개의 마시멜로를 받았다.

10년 후, 600명의 아이들 중 일부를 찾아내어 그들의 사회 적응력을 살펴보았더니, 15분을 참아 낸 아이들이 15분을 참지 못한 아이들보다 대인관계가 원만하고 학업 성취도가 뛰어났다는 것이 밝혀졌다.

*"최후의 승리는 인내하는 사람에게 돌아간다. 인내하는 데서 운명이 좌우되고 성공이 따르게 된다."*_나폴레옹

회복탄력성

멘토는 멘티가 잘못하거나 실패했을 경우에도 따뜻하게 감싸 줄 수 있어야 한다. 실제로 멘토의 조건 없는 관심이 잘 드러나는 때는 바로 멘티가 실패를 겪고 있을 때라는 것을 알아야 한다. 실수나 실패가 멘티의 전부가 아니라는 메시지를 전달해서 멘티를 격려하면, 멘티는 자신이 실패해도 멘토에게 외면받지 않으리라는 확신을 갖게 되어 멘토를 더욱 신뢰하게 되며, 멘토링을 성공적으로 마칠 수 있다.

'**회복탄력성**'의 사전적 의미는 역경이나 고난을 이겨 내는 긍정적인 힘으로 자신에게 닥치는 온갖 역경과 어려움을 오히려 도약의 발판으로 삼는 힘이며, 성공은 어려움이나 실패가 없는 상태가 아니라 역경과 시련을 극복해 낸 상태를 말한다. 떨어져 본 사람만이 어디로 올라가야 하는지 그 방향을 알고, 추락해 본 사람만이 다시 튀어 올라가야 할 필요성을 절감하듯이 바닥을 쳐 본 사람만이 더욱 높게 날아오를 힘을 갖게 된다. 이것이 바로 회복탄력성이다.

• 칠전팔기의 감동 실화

'**실패는 성공하기 위한 한 가지 방법을 아는 것**'이라는 말처럼 실패했다고 해서 절대로 기가 죽으면 안 된다. 실패를 경험한 뒤에 오는 성공이야말로 더욱 값지며, 성취감 또한 두 배로 커질 것이다. '**七顚八起(칠전팔기)**'란 사전적 의미로 일곱 번 넘어져도 여덟 번째 다시 일어선다는 뜻으로, 아무리 실패를 거듭해도 결코 포기하거나 굴하지 않고 계속 분투함을 나타내는 말이다.

전 복싱선수 홍수환 씨가 1977년 11월 WBA 주니어페더급 초대 챔피언 결정전에서 헥토르 카라스키야 선수와 권투 시합을 할 때, 4번 다운을 당했으나 계속해서 일어나 싸워서 마침내 KO로 승리하는 장면을 TV로 시청한 우리나라 국민들은 지금도 그때의 감동을 결코 잊을 수 없다.

권투 시합에서는 다운을 당하면 심판이 숫자를 세는데 하나부터 열까지 셀 동안 일어나지 못하면 KO패를 당하게 된다. 홍수환 선수는 네 번이나 다운을 당하고도 경기를 포기하지 않고 끝까지 일어나서 승리한 것이다. 물론 정확히 이야기하자면 '**4전 5기**'인 셈이지만 이런 경우 사용할 수 있는 사자성어가 '**칠전팔기**'이다 보니, 홍수환 선수의 이야기를 불굴의 투지를 표현하는 칠전팔기라는 사자성어의 예로 자주 들게 되었다.

• 헬리콥터 맘, 캥거루족

어린아이가 제대로 걷기 위해서는 3,000번 정도 실패하고 겨우 걷게 된다고 한다. 이 정도면 최고의 회복탄력성이 아닐까 생각된다. 오뚝이처럼 넘어지면 일어나고 또 넘어지면 또다시 일어나다가 마침내 두 발로 걷게 되는 것이다. 만약 넘어지는 것이 안타깝다고 계속해서 일으켜 세워 주면, 아이가 스스로 일어설 기회를 잃어 버려서 오히려 오랫동안 스스로 일어나 걸을 수 없게 된다. 넘어져도 다시 일어나려고 힘을 쓰고, 안 되면 벽을 잡고 일어나는 법을 스스로 터득해야 한다.

자녀들의 주위를 맴돌며 무슨 일이든지 발 벗고 나서서 아이들을 과잉 보호하려고 하는 엄마를 일컬어 '**헬리콥터 맘**'이라고 부른다. 아이가 성장해 대학에 들어가거나 직장 생활을 하게 되어도 헬리콥터처럼 자녀 주변을 맴돌며 온갖 일에 다 참견하기 때문에 자녀들은 나이가 들어서도 문제를 스스로 해결하지 못한다.

심지어는 국방의 의무를 다하기 위해 군대에 들어갔는데도, 부대 주위를 맴돌며 자녀의 신변을 보호하기 위해 사사건건 부대 관계자들과 문제를 발생시킬 정도라고 한다. 이렇게 과잉보호 아래 자란 자녀들은 성인이 되어서도 사회적응력이 떨어져 경제적으로 독립하지 못하고, 결혼도 미룬 채 부모 집에서 얹혀사는 '**캥거루족**'으로 전락하기 쉽다.

자녀들에게는 스스로 생각하고 판단하는 시간이 필요하다. 물론 그 결과가 항상 옳고 좋을 수는 없겠지만 아이의 판단과 결정을 존중함으로써 아이는 어려운 일도 스스로 해결하는 독립적인 인간으로 자라

날 수 있다. 그러기 위해서는 항상 아이의 의견이나 생각을 먼저 물어 보는 것이 중요하다. 왜냐하면 부모도 잘못된 판단을 할 수 있고 실수를 할 수 있기 때문이다.

• 실패는 새로운 시작이다

어미 닭이 알을 품기 시작해서 21일 정도가 되면, 알 속의 새끼는 알 껍질을 톡톡 쪼는데, 이 소리에 귀를 기울이며 기다려 온 어미 닭은 이에 호응하여 그 부위를 밖에서 탁탁 쪼아 준다. 이것을 '啐啄同時(줄탁동시)'라고 한다. 이렇게 안과 밖에서 함께해야 건강한 병아리가 태어나는데, 안에서 병아리가 알 껍질을 톡톡 쪼는 모습이 안쓰럽다고 밖에서 어미 닭이 다 쪼아 주면 건강하게 성장하지 못하고 죽게 된다. 멘토링도 크게 다르지 않다. 멘토가 멘티의 실수를 보다 못해 기다림 없이 모든 것을 직접 다 해 준다면, 성공적인 멘토링을 기대할 수 없다.

회복탄력성 지수는 한순간에 높아지는 것이 아니다. 어린 시절부터 목표를 세워서 도전하고, 실패하면 다시 일어나서 또 시도해 보며 자연스럽게 길러지는 것이다. 20대는 실패하는 것이 아니고 실수하는 것이다. 많이 도전해 보고, 실수하면 도로 표지판처럼 돌아가면 된다.

미국의 발명왕 토머스 에디슨의 실험실에 큰 화재가 발생했다. 이 사고로 수백만 달러 이상 값이 나가는 실험 도구들과, 일평생을 바쳐 기록한 실험 일지들이 모두 타고 말았다. 다음 날 아침, 에디슨은 자신의 모든 꿈과 희망이 잿더미로 변한 실험실을 보면서 다음과 같이 말했다.

"재앙이 반드시 나쁜 건 아니군. 내 모든 실수를 한꺼번에 다 가져가 버렸으니 말이야. 내 나이에 다시 시작할 수 있게 해 주신 하나님께 얼마나 감사한지."

그리고 그는 다시 연구를 시작했다고 한다. 또한 에디슨이 전구를 발명하기까지 999번 실패했는데 그것은 실패가 아니고 해선 안 되는 것을 999가지 확인했을 뿐이라고 이야기했다 하니, 세계적인 발명이 그냥 하늘에서 뚝 떨어지는 것은 분명 아니다.

인생에서 실패한 사람들은 대부분 그들이 포기하는 순간 자신이 성공에 얼마나 가까이 다가왔었는지 깨닫지 못한다. 한마디로 골대 앞에서 넘어지는 격이다. 포기하지 않는 한 패배는 없다. 실패가 실패로만 끝나지 않도록 실패를 거울 삼아 계속해서 도전하면 반드시 성공할 수 있으며, 실패가 세상의 끝이 아니라 새로운 시작이라는 것을 명심하자.

• 3無가 가져다준 성공

파나소닉의 창업자이며 일본 경영의 신으로 불리는 마쓰시타 고노스케는 세 가지가 없이 태어났는데, 그것이 오히려 성공의 원동력이 되었다고 한다.

1) 돈이 없었다.
너무 가난하게 태어나서 어려서부터 안 해 본 것이 없다 보니 풍부한 경험이 성공의 밑거름이 되었다.

2) 지식이 없었다.

가난하여 학교를 다닐 수 없었기 때문에 지식이 부족하였으므로, 만나는 모든 사람을 스승으로 모시고 배울 수 있어 성공할 수 있었다.

3) 건강한 몸을 타고나지 못했다.

태어날 때부터 건강하지 못해서 계속해서 건강에 신경을 쓰고 규칙적인 운동과 절제된 생활로 장수할 수 있었다.

해리 포터 시리즈의 저자인 J.K. 롤링은 20대에 영국에서 포르투갈로 건너가 그곳 남자와 결혼하였으나 딸을 낳고 얼마 지나지 않아 이혼하였다. 어린 딸과 함께 무일푼 신세가 되어 영국으로 돌아온 그는 정부보조금으로 근근이 먹고 사는 가난한 싱글맘이 되었다. 이후 어린 딸과 함께 죽어버리고 싶다는 생각이 들 정도로 혹독한 가난에 시달렸고 심지어 우울증으로 괴로운 시간을 보냈다.

어린 시절부터 글쓰기를 좋아했던 J.K. 롤링은 고통 속에 머물지 않고 소설을 쓰기로 결심하고 어린 딸에게 읽어줄 수 있는 이야기를 쓰기 시작했다. 그렇게 완성된 해리 포터 시리즈로 엄청난 돈을 벌어 영국 여왕보다 더 큰 부자가 되었고, 세계 500대 부자에 등극하기도 했다. 롤링은 이렇게 이야기한다.

"제가 가장 두려워했던 실패가 현실로 다가오자 오히려 저는 자유로워질 수 있었습니다. 실패했지만 저는 살아 있었고 사랑하는 딸이 있었고, 낡은 타자기 한 대와 엄청 많은 아이디어가 있었죠. 가장 밑바닥이 인생을 새로 세울 수 있는 단단한 기반이 되어 준 것입니다."

부정적인 정서가 많은 사람은 늘 하던 일만 하고 먹던 것만을 먹으려는 현실 안주형이 많은 반면, 긍정적인 정서가 많은 사람은 진취적인 성격이 강하므로 늘 새로운 것을 추구하게 된다. 이것이 바로 긍정적인 사람에게 더 많은 기회가 찾아오는 이유다.

• 타인에 의해 배양되는 능력, 회복탄력성

1954년부터 약 30년간 이루어진 심리학자 에미 워너 교수는 그 당시 지구상에서 가장 열악한 가정환경과 사회경제적 조건을 가진 카우아이섬에서 태어나서 자라는 어린이들을 통해서 환경이 한 사람의 성장에 어떤 영향을 미치는지를 연구하였다. 그 결과, 결손 가정의 아이들일수록 학교나 사회에 적응하기 힘들었으며, 부모의 성격이나 정신 건강에 결함이 있을 때 아이들에게 나쁜 영향을 끼치는 것으로 나타났다.

워너 교수는 열악한 환경에 속한 전체 연구 대상자 698명 중, 가장 열악한 환경에서 자란 고위험군 201명을 대상으로 이들의 성장 과정에 대한 자료를 분석해 보았다. 그런데 이 201명의 고위험군 중 실제로 사회부적응자로 분류될 수 있는 사람은 3분의 2였고, 나머지 3분의 1에 해당하는 72명의 연구 대상자들은 세상의 모든 부모와 학교 교육이 만들어 내길 원하는 훌륭한 청년들로 성장했던 것이었다. 왜 이런 결과가 나왔을까?

워너 교수는 고위험군에 속하는데도 불구하고 사회적으로 훌륭하게 성장한 72명의 사람들에게서 공통적인 속성을 발견했다. 자신의 역경을 헤쳐 나간, 즉 회복탄력성이 강한 72명에게는 그 사람의 입장을 무조건적으로 이해해 주고 받아 주는 어른이 적어도 한 명은 있었다는 것이다. 조부모님이든, 이모나 삼촌이든, 아니면 가족이 아니라 주위의 어떤 사람이었든 아이를 가까이에서 지켜봐 주며 힘들 때 기댈 언덕이 되어 주었다.

사람은 사랑을 먹고 산다. 자신을 사랑해 주는 사람이 한 명이라도 있으면 그 사람은 자신을 사랑하게 되고 자존감이 높아지며, 이로 인해 회복탄력성이 높아질 수 있다. 이렇듯 에미 워너 교수가 명명한, 삶의 역경에 굴하지 않고 그것을 헤쳐 나가는 원동력인 회복탄력성은 모든 사람이 가지고 있지만 타인에 의해서 배양된다.

나는 최선을 다해서 자녀에게 모든 것을 해 주었다고 생각하는데 자녀가 문제를 일으키는가? 나는 최선을 다해서 부하 직원에게 모든 것을 해 주었다고 생각하는데 직원이 문제를 일으키는가? 위의 연구 결과로 보면 그 자녀나 그 부하 직원은 자신을 진정으로 이해해 주는 사람이 주위에 없기 때문에 문제를 일으키는 것이다.

카우아이섬 종단 연구의 내용을 개인적으로 생활에 적용해 해석해 보면, 부모가 돈이 없어도 자식을 진정으로 이해하고 지지하고 사랑을 주면 자녀는 훌륭하게 자랄 수 있다는 것이며, 멘토링에 적용해서 생각해 보면 멘토가 멘티에게 이래라저래라 지시하지 않아도 진정으로 멘티를 사랑하는 마음으로 이해하고 지지해 주면, 멘티는 훌륭하게 업무를 완수해 낼 수 있다는 것이다.

• 터널 끝에는 반드시 빛이 있다
영화 〈레미제라블〉에서 장발장에게 미리엘 신부가 있던 것처럼, 우리 주위에는 도움이 진정으로 필요한 사람들이 적지 않으며 그들에게 도움을 줄 수 있는 진정한 사랑을 갖추는 것이 필요하다.

"전 가난한 집에서 태어나 정상적인 학교 교육을 받지 못했습니다. 사업을 하다 2번 망했고 선거에서는 8번 낙선을 했습니다. 사랑하는 여인을 잃고 정신병원 신세를 지기도 했으며, 결혼을 해서 낳은 4명의 자식 중 3명이 어려서 세상을 떠났습니다. 제가 운이 나쁜 인간이라고요? 글쎄요, 제 인생이 썩 운이 좋은 것은 아니지만 참 가치 있는 것이었다고는 생각합니다. 참 하나를 빼먹었군요. 전 인생의 마지막에 미국의 16대 대통령이 되었습니다."

이 이야기는 미국인들의 가슴속에 남아 있는 영원한 대통령 에이브러햄 링컨의 이야기로 회복탄력성의 본보기가 아닌가 생각된다. 폭풍우 뒤에는 고요함이, 어둡고 캄캄한 터널 끝에는 밝은 빛이 우리를 기다리고 있다. 힘들고 어려운 시기가 지나면 쨍하고 해 뜰 날이 반드시 온다는 것을 기억하고 넘어지면 다시 일어나서 훌훌 털고 재도약하는 오뚝이 같은 강한 '**회복탄력성**'이 반드시 필요하다.

"*가장 큰 영광은 한 번도 실패하지 않는 것이 아니라 실패할 때마다 다시 일어서는 데 있다.*"_공자

실행력

• 1톤의 생각보다 1그램의 실천이 성공의 열쇠가 된다

목표를 세우고 실행하기 시작해서 3일을 지속하지 못하고 포기하는 경우를 빗대어 **'작심삼일'**이라고 하며, 멘토가 아무리 훌륭한 멘토링 계획을 수립해도 멘티에게 실천할 수 있는 의지력이 부족하면 아무 소용이 없다. 따라서 멘토는 멘티의 실행력을 키워 줄 수 있어야 한다.

세상에서 가장 먼 거리를 **'사람의 머리와 발 사이'**라고 말한다. 머리로는 해야 한다고 생각하면서도 좀처럼 행동으로 옮기지 못하기 때문이다. 원대한 꿈을 갖고 실행하지 않는 사람은 성공하기 어렵지만, 원대한 꿈을 갖고 있지 않더라도 하루하루를 소중히 여기고 지금 하고 있는 일에 최선을 다하는 사람은 성공할 수 있다. 이는 하루하루를 최선을 다해 살다 보면 실행력이 몸에 배어, 나중에 어떤 목표가 생기면 습관화된 실행력을 바탕으로 성공할 수 있기 때문이다.

내일은 오늘의 결과이므로 오늘 하루를 어떻게 살았는가를 보며 그 사람의 앞날을 예측할 수 있으며, 좀 더 빠른 성공을 원한다면 지금 당장 앞날을 설계하고 실행하는 일이 무엇보다 중요하다. 꿈은 똑똑한 뇌가 아닌 성실한 두 발로 평생 키워 나가는 것으로, 몸으로 움직이지 않는 꿈은 자기 위안용 환상일 뿐이며, 실행력이야말로 꿈을 현실로 만드는 실체이며 거의 전부라고 해도 과언이 아니다.

• 실행력이 저하되는 세 가지 이유

많은 사람들이 원대한 꿈을 꾸라고 말하는데 이는 실행력이 있는 사람들에게나 해당되는 말이며, 실행력이 부족한 사람이라면 처음부터 원대한 꿈을 갖기보다는 작은 목표를 정해서 하나하나 성취해 나가는 편이 좋다.

평범한 사람들 역시 수만 가지의 좋은 생각을 가지고 있으나 그들은 실천하지 않는 데 반해 성공한 사람들은 머리로 그린 것을 반드시 행동으로 옮기는 실천주의자들이며, 세상에서 성공한 사람들을 보면 지식이나 아이디어가 남달라서가 아니라 그들의 실천력 때문인 경우가 많다. 그렇다면 실행력이 저하되는 이유는 어떤 것들이 있을까?

1) 목표에 대한 절실한 동기가 없다.

'**궁즉통(窮卽通)**'이다. 궁하면 반드시 실행하게 되고 어려움을 만나도 이겨 낼 수 있는 의지력이 생기는데, 원하는 것을 쉽게 얻을 수 있는 세상을 살다 보니 절실함이 부족하다. 철강 신화를 이룬 고 박태준 명예 회장이 제철보국의 사명을 띠고 포항 영일만에 포스코를 건설할 때 '만약에 제철소 건설에 실패하면, 현장사무소에서 나가 우향우해서 영일만 바다에 빠져 죽자.'라고 제철소 건설의 첫 삽을 뜨면서 남긴 우향우 정신이 바로 '궁즉통'이다. 조상들의 피와 눈물의 대가인 대일청구권 자금의 일부를 사용하는 만큼, 반드시 성공해 내야 한다는 '사즉생(死卽生)'의 각오였던 것이다.

2) 실행을 방해하는 장애물이 많다.

TV, 컴퓨터 게임, 메신저 등 우리를 미혹시킬 것들이 많다 보니, 유혹에 쉽게 휩쓸려 목표를 잊어버리는 경우가 발생한다. 하루하루 살다 보면 생각지도 못했던 일들이 발생하고, 그 일로 인해 계획했던 일정에 차질이 생기면 자연스럽게 현실과 타협하고 목표를 수정하거나 포기하는 경우가 발생된다.

3) 한 번의 실패로 자포자기한다.

작은 성공이라도 경험한다면 신바람이 나서 지속적으로 실천하는 능력이 길러지지만, 사소한 목표라도 한 번 실패하면 소심해지기 쉽고, 자기 자신의 의지력을 탓하면서 쉽게 포기하는 경우가 발생한다.

• 실행력을 높이는 여섯 가지 방법

실행의 결과는 성공 아니면 실패다. 성공은 그대로 유지하면 되고, 실패는 그렇게 하면 안 되는 법을 배운 것으로 다른 방법으로 다시 도전해야 한다. 그렇다면 실행력을 높이는 방법을 알아보자.

1) 공개 선언 효과를 적극 활용하라.

목표를 주변 사람들에게 선언하면 언행불일치로 비난받을 것이 두려워 끝까지 해낼 수 있으며, 필요에 따라 지원도 받을 수 있다. 국민 할매로 더욱 잘 알려진 작곡가이자 기타리스트인 김태원 씨는 고등학교 때 다른 친구들보다는 기타를 잘 쳤지만 실력이 통 늘지 않아 방학 시작 전 사람들 앞에서 방학이 끝나고 나면 어려운 곡 하나를 연주해 보이겠다고 공언을 하고 그 약속을 지키기 위해 방학 동안 죽기 살기로 연습했더니 기타 실력이 부쩍 늘었다는 이야기를 했다. 이처럼 다른 사람에게 자기 목표를 이야기하면 그 약속을 지키기 위해서라도 힘들어도 참고 노력하여 실행력을 높일 수 있다.

2) 목표를 달성하기 위해 구체적인 일정을 수립한다.

목표를 정했으면 목표 달성 일자를 고정하고 우선 손쉽게 할 수 있는 것부터 하나하나 실행에 옮기며, 다른 어떤 일보다도 우선순위를 높게 두어 다른 일들로부터 목표 달성에 방해를 받지 않도록 해야 한다. 그러기 위해서는 목표 달성을 위해 하루하루의 시간 관리가 이루어져야 한다. 가능한 목표를 잘게 쪼개서 매일매일 거르지 않고 실행하면서, 목표를 달성할 때마다 가까운 가족들과 함께 기쁨을 나누는 습관을 가진다면, 크고 원대한 목표도 어렵지 않게 달성할 수 있다.

3) 목표를 달성하는 데 방해가 되는 것을 사전에 제거한다.

19세기 프랑스 최고의 작가 빅토르 위고는 글을 쓸 때면 하인에게 옷을 몽땅 벗어 주며, 해가 진 다음에 가져오라고 했다. 놀고 싶은 유혹을 차단해 글을 쓸 수밖에 없도록 자신을 속박하기 위한 것이었다. 환경을 통제해서 자기를 통제하는 방법을 심리학에서는 '사전 조치 전략'이라고 한다.

실행력이 뛰어난 사람들의 의지력이 남다르다기보다는 이러한 효과적인 사전 조치 전략을 갖고 있는 경우가 더 많다. 가령 음주운전을 하지 않기 위해서 술 약속이 있는 날은 차를 두고 출근하거나 사무실에 자동차 키를 두고 나감으로써, 음주운전 가능성을 사전에 차단하는 것이다. 이러한 사전 조치 전략을 '가두리 기법'이라고도 하며 배수진을 치는 것과 같다. 집안 청소가 잘 안 된다 싶으면, 이웃을 초대하여 어쩔 수 없이 청소를 할 수 있도록 하는 것이다.

4) 목표 달성 후 얻어지는 효과를 생각하고 인내한다.

목표를 향하여 매진하다 보면 생각지 못했던 여러 가지 힘들고 어려운 일에 부딪칠 수 있다. 또한 다른 일보다 우선순위를 높게 두다 보면, 가족과 친구들로부터 원망도 들을 수 있다. 그렇지만 먼 미래, 목표가 달성되었을 때 누릴 수 있는 기쁨을 상상해 보면서 참고 견디다 보면, 저 멀리 아련하게 보이던 목표가 어느 날 눈앞으로 다가올 것이다.

어려운 목표일수록 성공하기가 그만큼 힘들다. 그러나 그 목표가 달성된 후에 느끼는 기쁨은 이루 말할 수 없을 만큼 클 것이다. 인내는 쓰고 열매는 달다. 미래의 달콤한 열매를 생각하면서 오늘도 즐겁게 목표를 향해 뛰어 보자.

5) 실패를 두려워하지 말고 오뚝이가 되자.

실패는 어떤 일을 결코 정복할 수 없는 게 아니라 다른 방법으로 노력하라는 메시지이다. 성공의 비결은 좋은 결정을 내렸기 때문이며, 좋은 결정을 내릴 수 있던 것은 과거의 실패 경험이 바탕이 되었기 때문이다. 누구나 실패는 할 수 있다. 그러나 누구나 그 실패를 딛고 일어서는 것은 아니며, 실패를 거울삼아 다시 도전하는 사람만이 성공한다.

6) 과정을 즐기며 끝까지 실행하는 힘을 길러라.

과정은 결과만큼 중요하며, 때에 따라서는 결과보다 과정이 더 중요시될 수 있다. 과정이 즐겁지 못하면 계속해서 진행하기 어렵고, 목표를 달성했더라도 행복한 성공이라고 말하기 어렵다.

만약에 목표를 달성하는 데 많은 시간이 소요된다면 잘하는 일보다는 좋아하는 일을 선택하는 것이 좋다. 잘한다는 것은 주변에 있는 사람들과 비교해서 잘한다는 것이고, 좀 더 넓은 세계로 나가면 결코 잘하는 수준이라고 말하기 어려울 수도 있으며, 그렇게 되면 자존심에 상처를 입어 포기할 경우가 생길 수 있기 때문이다. 공자는 "**知之者不如好之者, 好之者不如樂之者**"라 하여, 도를 아는 자는 좋아하는 자만 못하고, 좋아하는 자는 즐거워하는 자만 못하다는 말을 남겼다.

• 실천 없이 이루어지는 것은 없다

아무리 많은 책을 읽고 아무리 남다른 아이디어를 갖고 있어도 실천하지 않으면 아무 소용이 없다. 평범한 사람과 성공한 사람의 차이는 지식이 아니라 실천에 있고, 성공한 기업가와 그렇지 못한 기업가의 차이는 전략이 아니라 실행에 있으며, 개인이든 조직이든 실행력이야말로 진정한 경쟁력이다.

'구슬이 서 말이어도 꿰어야 보배'라는 말이 있듯 계획도 실행으로 연결되지 않으면 아무 소용이 없다. **'시작이 반이다'**라는 말은 심리학적으로도 타당한 말이라고 이야기한다. 지나친 망설임은 새로운 일을 시작하는 데 방해가 되며, 망설이다가 후회와 자책만 남기기보다는 과감히 결단하고 자신의 선택에 확신하고 행동하는 것이 좋다. 설령 실패한다 해도 망설이다가 아무것도 하지 않는 것보다는 훨씬 가치 있으며, 결단과 실행이 바로 당신의 인생을 바꿀 것이다.

노력하는 과정 자체가 우리의 삶이며 노력 없이 이루어지는 것은 아무것도 없다.

*"기업간 경쟁력의 차이는 비전과 전략의 우위보다는 그것을 실현하기 위해 행동하는 실행력의 차이에서 비롯된다."*_톰 피터스

"인생은 실패했을 때 끝나는 것이 아니라 포기할 때 끝나는 것이다."
_리처드 닉슨

*"세상을 바꾸려는 사람은 많지만 자기 자신을 바꾸려는 사람은 얼마 없다."*_톨스토이

4

건강한 멘토

웃음으로 건강한 멘토

훌륭한 멘토의 자질 중 유머감각은 꽤 중요한 요소다. 유머감각은 걱정, 근심, 두려움을 없애 주고 인간적이고 편안함을 느끼게 해 주기 때문이며, 긴장과 불안으로 점철된 사회 초년생인 멘티들에게 웃음은 사막 한가운데에서 만난 오아시스와 같이 휴식을 주는 안식처가 될 수 있기 때문이다.

• 만병통치약, 웃음의 효과

고대 의사 밀레투스는 '**웃음**(gelos)'의 어원은 '**헬레**(helo)'이며, 그 의미는 '**건강**(health)'이라고 말했다. 즉 고대인들은 웃음을 건강이라고 생각했다는 것이다. 니체는 **"자연이 준 선물 중 최고의 선물은 웃음이다."**라고 했으며, 『동의보감』에도 **"웃음은 최고의 보약이다."**라고 적혀 있듯이 웃음은 우리 몸의 면역 체계를 강화시켜 건강을 유지시켜 준다.

웃으면 마음이 밝아지고, 마음이 밝아지면 생각이 긍정적으로 바뀌며 생각이 긍정적으로 바뀌면 일이 원활하고 순조롭게 풀려 어느새 행복해지기 때문에 웃고 또 웃어야 한다.

웃음은 생리적이라기보다 심리적인 반응이고 그 사람의 심리 상태가 잘 드러나는 표현의 일종이다. 웃음치료사라는 자격증이 있을 정도로 우리 삶에 웃음의 중요성은 날로 증가하고 있으며, 웃음의 종류로는 포복절도, 파안대소, 박장대소, 미소, 담소 등이 있으며, 생후 2~3개월 된 유아의 경우 일일 평균 400번 웃으며, 성인의 경우 14번 웃는다고 한다. 만병통치라고 불리는 웃음의 효과로는 다음과 같은 것들이 있다.

1) 엔도르핀, 세로토닌, 도파민 등과 같은 우리 몸에 좋은 행복호르몬이 분비되어 기분이 좋아지고 통증이 감소된다.

2) 종양을 파괴하는 킬러세포라고 불리는 '감마 인터페론'이 증가되어 암을 치료하는 데 영향을 준다.

3) 10초 동안 크게 웃으면 3분 동안 노를 젓는 것과 같은 운동 효과를 볼 수 있으며, 3분 동안 크게 웃으면 11kcal가 소모되어 다이어트 효과를 볼 수 있다.

그 밖에도 웃음은 수명 연장 효과가 있어 좀 더 많이 웃는 여성이 남성보다 평균 7년 정도 더 사는 이유로 보는 사람들도 있다.

'행복해서 웃는 것이 아니라 웃어서 행복하다.'라는 이야기가 그냥 나온 말이 아닌 것 같다. 좋은 일이 있어서 웃는 것이 아니라 좋은 일이 들어오라는 생각으로 자주 웃어야 한다.

• 웃기지 못한다면 그냥 웃자

한 대기업에서 20~50대 남녀 500명을 대상으로 '웃음에 관한 라이프 스타일'을 조사해 보았다. 그 결과 사람들은 하루 평균 10번 정도 웃고 한 번 웃을 때 9초 동안 웃는다고 한다. 그렇다면 우리가 하루에 웃는 시간은 총 90초밖에 안 된다. 반면에 걱정하고 근심하는 일에 소모하는 시간은 하루 평균 3시간이라고 하니 일생을 80년으로 계산한다면 평생 '30일 동안 웃고 10년 동안은 걱정'하고 근심하는 일로 보낸다는 계산이 나온다.

피겨스케이팅 여자 싱글 종목에서 올림픽과 세계선수권을 석권한 금메달리스트 김연아도 웃기 시작하면서 큰 기록을 세울 수 있었다고 한다. 브라이언 오서 코치는 김연아 선수가 거의 매번 화난 것 같은 얼굴로 스케이트를 타고 있었으며, 재능은 빛나고 있었지만 불행해 보이기까지 하는 표정이 내내 마음에 걸렸다고 한다. 그래서 그는 기술보다 먼저 웃음을 주는 훈련을 시작했고, 경기 직전에는 늘 김연아 선수를 자랑스러워하는 자신의 마음을 전했다고 한다. 그러자 언제부턴가 그녀는 웃음을 되찾았고 기량을 마음껏 발휘하기 시작하여 세계 피겨 역사에 가장 기억에 남는 선수가 된 것이다.

이러한 유머감각의 중요성을 알면서도 '내가 무슨 수로 사람들을 웃겨?'라고 생각하는 사람들이 많다. 유머감각이 부족하다고 너무 실망할 필요는 없다. 웃기지 못하면 웃는 쪽을 선택하면 된다. 사람들은 유머가 있는 사람뿐 아니라 자기를 보고 잘 웃어 주는 사람도 좋아한다. 사람들이 잘 웃는 사람을 좋아하는 이유는 누군가 자기를 보고 웃는다는 것은 그 사람이 자기를 좋아한다는 것을 의미하고, 사람들은 자기를 좋아하는 사람을 좋아하기 때문이다. 또 웃는 사람과 함께 있으면 덩달아 기분이 좋아지는 것을 느낀다.

• 얼굴은 그 사람이 살아온 역사다

우리의 뇌는 한 개의 신경 회로에서 성질이 다른 두 가지 정보를 동시에 처리할 수 없다고 한다. 때문에 하나의 감정 상태에서 다른 감정 상태로 옮겨 갈 수는 있지만 동시에 두 가지 감정 상태를 경험할 수는 없다. 즉 슬펐다가 기뻤다가 할 수는 있지만, 슬픔과 기쁨을 동시에 느낄 수는 없다는 것이다.

모순된 정보의 입력으로 생길지도 모르는 혼란을 막기 위한 뇌의 이러한 방어 장치 덕분에 우리는 웃고 있는 동안에는 부정적인 감정의 에너지 상태를 유지할 수 없으며, 반대로 부정적인 감정의 에너지에 빠져 있는 동안은 웃을 수 없다. 그러면 부정적인 감정의 에너지에 빠져 있을 때 억지로 웃으면 어떤 일이 일어날까?

처음에는 모순된 에너지의 충돌로 긴장이 느껴지지만, 좀 더 힘을 내서 웃으면 기적이 일어난다. 부정적인 감정의 에너지가 부서지고 밀려 나가 버리는 것이다. 이때의 웃음은 단순한 근육의 움직임이 아니라 힘이다. 부정적인 상황에서는 아무리 긍정적인 생각을 하려고 해도 쉽지 않다. 이럴 때는 그저 양쪽 입 끝만 살짝 들어 올려 주면 된다. 이러한 원리를 이용해 가장 긍정적인 행동이라고 할 수 있는 웃음으로 부정적인 감정 에너지를 날려 버릴 수 있다.

사람의 얼굴에는 근육이 약 80개 정도 있는데, 그중에 웃을 때 사용하는 근육이 40개, 찡그리는 데 사용하는 근육이 20개, 나머지 20개는 웃을 때도 화를 낼 때도 공통적으로 사용되는 근육이다. 그러므로 자주 방실방실 웃게 되면 60개의 근육이 움직이게 되고, 반대로 인상을 찌푸리는 얼굴은 웃을 때 움직이는 근육이 위축되어 인상이 굳어지게 되는 것이다.

언젠가 사진만 찍으면 얼굴 표정이 맘에 들지 않는다고 불만이 많은 선배가 있어 사진 몇 장을 살펴보니 대부분 화난 얼굴을 하고 있다. 평소 대화할 때는 웃는 표정인데 왜 사진만 찍으면 화난 얼굴처럼 변하는지 궁금해서 사진 찍는 모습을 관찰해 보았다.

보통 사진을 찍을 때 웃으면 스마일 이모티콘처럼 입꼬리가 살짝 위로 올라가는데, 선배는 반대로 입꼬리가 내려가기 때문에 화난 얼굴처럼 보이는 것이었다. 거울 앞에 서서 웃을 때 입꼬리가 어떻게 변하는지 관찰해 보고, 만약 입꼬리가 내려 가면 올라가도록 연습해 사진이 자연스럽게 웃는 표정으로 바뀔 것이다.

얼굴은 그 사람이 살아온 역사다. 웃음이 주는 효과를 말로는 다 표현할 수 없으며, 결과적으로 인생이 바뀌는 경험을 하게 될 것이다. 세상에 웃는 것보다 좋은 화장법은 없다. 박장대소를 하면 우리 몸의 650개 근육 중에 231개의 근육이 움직이며, 10초 동안 박장대소하면, 에어로빅을 5분 동안 하는 것과 비슷한 효과를 보인다고 한다.

• 하루 한 번 40초 동안 크게 웃기 운동

몇 해 전 출근길 차 안에서 40초 정도 큰 소리로 웃으면서 출근하기 시작했다. 처음에는 익숙하지 않아 고작 10초 웃는 것도 힘들었으나, 지금은 힘들지 않게 1분 정도는 계속해서 큰 소리로 웃을 수 있다. 경험에 의하면 타인을 의식하지 않고 큰 소리로 웃을 수 있는 최적의 장소는 자가용이다. 아무리 크게 웃어도 다른 사람들에게 들킬 염려가 없으니 마음껏 웃을 수 있다.

처음엔 출근길과 퇴근길을 모두 이용하여 호탕하게 웃어 보았으나, 퇴근길에 크게 웃는 것은 배가 고프고 피곤해서 여간 힘든 일이 아니었다. 따라서 지금은 출근길에만 크게 웃고 있다.

그렇게 큰 소리로 40초 이상 웃고 나면 고민하던 일도 잠시 잊을 수 있고 굳었던 몸도 부드러워지며 행복호르몬이 분출되어서 그런지 마음도 편안해지는 것을 느낄 수 있다. 그리고 어려운 업무 때문에 무겁던 발걸음도 가벼워지며 기쁜 마음으로 동료들과 아침 인사를 교환하고 업무를 시작할 수 있다.

습관이 잘 배지 않았을 땐 차 안에서 웃는 것을 잊고 출근하는 경우가 가끔 있었다. 그래서 출근하는 노선 중에 가장 안전하다고 생각되는 큰길을 머릿속에 스마일 존이라고 이름을 붙였다. 그 이후부터는 골몰히 다른 생각을 하다가도 스마일 존에 들어서면 **'아~ 여기가 내 스마일 존이지.'** 하면서 웃을 수 있게 되어 지금은 완전한 습관으로 굳어졌다.

그러나 때로는 웃고 싶어도 웃지 못하는 경우가 있다. 예를 들어 몸이 아프거나 동승자가 있을 경우에는 웃을 수 없으며, 국가적으로 매우 슬픈 일을 당했을 때도 웃고 싶어도 웃을 수 없다. 특히 코로나19로 여행을 떠나고 싶어도 마음대로 갈 수 없고, 보고 싶은 사람을 만나고 싶어도 만날 수 없는 답답한 상황을 겪고 보니 소소한 일상이 얼마나 소중했던 것인지 절실히 느끼게 되었다.

최근에는 지인이 운영하는 스튜디오에서 트로트를 배우고, 6곡을 녹음해서 퇴근할 때 승용차에서 들으며 따라 부르는데 너무나 행복하고 기분이 좋아서, 교통체증으로 속도가 줄거나 빨간 신호등에 걸려도 즐겁기만 하다.

• 내가 웃으면 행복하고, 남을 웃기면 성공한다

웃음은 즐거운 생각을 불러일으켜 스트레스를 해소하고 면역력을 증가시키기도 한다. 웃음은 가장 좋은 운동이자 가장 좋은 약이 된다. 질병과 슬픔이 있는 이 세상에서 우리를 강하게 살도록 만드는 것은 웃음과 유머밖에 없다.

웃음 치료사란? 남을 웃김으로써 치료하는 사람이 아니고, 자기 자신이 먼저 웃음으로써 남을 치료하는 사람을 말한다. 나는 국제웃음치료협회에서 주관하는 웃음과 레크리에이션 진행 방법에 대해서 교육을 받고 웃음지도사, 노인건강지도사, 펀리더십지도사 자격증을 취득하였으며, 웃음·마술 재능 봉사단에 가입하여 노인정과 마을회관을 돌면서 웃음, 노래, 댄스 등으로 어르신들을 기쁘게 하고 있다.

어느 날 진상면에 있는 지랑마을회관에서 봉사활동을 하던 중, 할머니 한 분이 내 귀에 대고 '오늘이 내 생애 가장 즐거워.'라고 말씀하셨다. 그 말을 듣는 순간 가슴에 진한 감동이 피어났다.

이렇게 어떤 일로 인해 크게 감동 받았을 때 나오는 호르몬이 '다이도르핀', 일명 '감동호르몬'이라 불린다. 다이도르핀은 엔도르핀, 도파민, 세로토닌과 같이 행복호르몬의 일종으로 엔도르핀 효능의 4,000배에 이른다고 알려져 있으니, 사랑과 감동이 넘치는 삶을 통하여 모두가 행복해지는 세상이 되길 소원해 본다.

웃음은 부작용이 없는 만병통치약이며 매일매일 복용해도 배부르지 않고 돈도 안 든다. 만약에 당신 주위에 당신을 웃음 짓게 만드는 사람이 있다면, 그 사람에게 감사해야 한다. 왜냐하면 그는 당신에게 행복 바이러스를 전파하는 고마운 분이기 때문이다.

또 다른 사람들로 인하여 웃고 산다면 당신도 다른 사람들에게 웃음을 주어야 하며 서로가 서로에게 웃음을 줄 수 있는 세상이 된다면, 그곳이 바로 천국의 모습이 아닐까 생각해 본다. 내가 웃으면 행복하고, 남을 웃기면 성공한다.

"인생에서 가장 의미 없이 보낸 날은 웃지 않고 보낸 날이다."

_E. E. 커밍스

운동으로 건강한 멘토

건강한 멘티는 건강한 멘토가 만든다. 멘토는 멘티의 건강 문제에도 관심을 가져야 한다. 멘티가 동료들로부터 소외되거나 동료들과의 지속적인 갈등으로 우울증, 정서불안 같은 증상을 보일 경우 멘토가 적극적으로 나서서 도움을 주어야 하며, 그러기 위해서 멘토는 먼저 건강해야 한다.

• 행복과 성공에 이르는 법, 규칙적인 운동

우리가 그렇게 가지고 싶은 '돈, 명예, 사랑'을 다 가졌다고 해도 건강을 잃으면 아무 소용이 없다. 많은 사람들이 행복해지기 위해 필요하다고 생각하는 '돈, 명예, 사랑'을 위해 젊은 시절을 다 보낸 후에야 건강의 소중함을 깨달았을 때는 이미 늦어 버릴 수도 있다는 것을 알아야 한다.

건강은 한 번 잃고 나면 다시 회복하기 위해서 아주 많은 시간이 필요하며, 자칫 잘못하면 영영 회복할 수 없게 된다. 건강도 건강할 때 챙겨야 하며 건강을 위해서는 다른 사람들이 휴대전화로 게임을 하거나 TV를 보는 시간에 운동을 하면서 땀을 흘려야 한다.

행복과 성공에 이르는 방법 중 중요한 하나는 바로 '**규칙적인 운동**'이다. 규칙적인 운동은 긍정적인 감정을 강화시켜, 타인에게 좋은 인상을 심어 주며 원만한 인간관계와 리더십은 물론 업무 성취도와 창의성을 높여 준다.

규칙적으로 운동을 하려면 목표가 있어야 하고, 그 목표를 달성하기 위해서는 역시 끈기가 필요하다. 아울러 지속적으로 운동을 하려면 본인에게 흥미롭고 건강에 도움이 되는 운동을 선택할 필요가 있다. 최근에는 스마트폰에 있는 걷기 어플을 활용하여 목표치를 정하고 매일 같이 걷는 사람들이 늘어나고 있다.

가족과 동료들이 함께할 수 있는 운동이 혼자 하는 운동보다 더 즐겁고 기쁘며, 운동도 연령에 따라 바꿀 필요가 있다. 특히 50대 이후에는 과격한 운동보다는 허리나 무릎에 무리가 되지 않는 걷기 운동이나 수영이 좋다고 한다.

새해가 되면 많은 사람들이 다이어트를 위해 운동을 하겠다고 다짐을 한다. 하지만 그 다짐은 대부분 작심삼일로 끝나 버린다. 여러 가지 핑계를 많이 대지만 그중에도 많이들 투덜대는 것은 운동을 꾸준히 할 시간적 여유가 없고 소질도 없다는 것이다. 하지만 누구에게나 시간은 똑같이 주어진다. 다만 어떤 것에 우선순위를 높게 두고 사는가에 따라 다를 뿐이다.

만약에 의사로부터 '앞으로 운동을 하지 않으면 곧 죽을 수도 있다'는 말을 들었다면 다른 무엇보다도 우선순위를 높게 두고 운동에 매진할 것이다. 또한 소질이 없어도 꾸준히 할 수만 있다면 운동 효과를 볼 것이며, 운동신경이 좋은 사람들보다는 어느 수준까지 도달하는데 더 많은 시간이 필요하겠지만 3년 이상 꾸준히 하면 비슷한 수준까지 도달할 수 있다. 운동은 몸도 마음도 튼튼하게 하지만 삶에 활력을 불어넣어 주고, 부부관계는 물론 대인관계 형성에도 매우 큰 도움이 된다.

최근 미국의사협회지에 미국 국립암연구소가 주도적으로 수행한, 걷기와 장기간 사망률과의 관계를 분석한 논문이 실렸다. 연구에서는 40세 이상 미국인 4,840명을 대상으로 몸에 속도계를 부착시키고 일주일간 매일 몇 보를 걸었는지 조사한 후, 사망률을 10년에 걸쳐서 분석했다. 그 결과, 참여자들의 평균 걸음 수는 매일 9,124보였는데, 하루에 4,000보 미만 걷는 경우는 1,000명 중 사망자가 76.7명꼴이었다. 4,000~8,000미만 걸음을 걷는 경우는 21.4명으로 낮아졌고, 8,000~1만2,000 미만 걸음을 걷는 경우는 6.9명으로 더 줄었다. 그 이상을 걷는 경우는 4.8명에 불과했다. 하루에 4,000보 걷는 경우와 비교해서, 8,000보를 걸으면 사망률이 51% 낮아지고, 1만2,000보를 걷으면 65%나 낮출 수 있었다.

걷는 속도가 빠를수록 사망률도 낮아졌지만, 빠른 걸음에 의한 효과는 실제로 매일 걷는 보행 수에 의한 효과로 밝혀졌다. 이 연구로 하루에 만 보를 걸으면 건강에 좋다는 속설이 실증적으로 증명되었으며 얼마나 빨리 걷는 것보다, 하루에 최소한 8,000보 이상 걷는 것이 장수의 지름길이라는 것을 알게 되었다.

또 다른 연구 결과에 의하면 운동을 지나치게 많이 하면 오히려 면역력이 떨어지는 역효과를 초래한다고 밝혔다. 아래의 그래프와 같이 운동 강도 및 시간이 너무 지나치게 많으면 되려 면역력이 떨어지고 세균감염률이 높아진다는 것이다. 역시 운동도 과유불급이다.

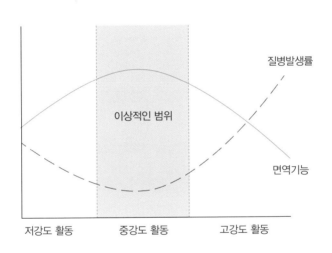

나는 최근 이상한 증상이 나타나기 시작해서 운동 시간을 조절하고 있다. 탁구를 2시간 이상 치고 나면 서서히 머리가 차갑게 느껴지면서 통증이 생기고 소화력이 저하되어 식사를 제대로 못하는 경우가 종종 발생하였다. 아무래도 나이에 맞지 않게 과한 운동을 하여 생기는 현상이 아니었을까 싶다. 본인의 나이와 체력에 맞는 적절한 운동 시간과 운동 강도를 지키면서 규칙적으로 운동하는 것이 좋겠다.

"병든 제왕보다는 건강한 구두 수선공이 더 훌륭한 사람이다."

_비거스탑

"너는 네 차를 운전해 줄 사람을 고용할 수 있고, 돈을 벌어 줄 사람을 구할 수도 있다. 하지만 너 대신 아파 줄 사람을 구할 수 없을 것이다."

_스티브 잡스

휴식으로 건강한 멘토

• 휴식이 경쟁력을 만든다

휴식이란 하던 일을 멈추고 잠깐의 쉼을 말한다. 많은 사람들이 일상생활과 업무에서 정신적·육체적인 피로를 풀기 위해 하던 일을 내려놓고 자신만의 편안한 시간을 갖는다.

일상생활에서 자기 자신만의 휴식 방법을 만들어 보는 것이 좋다. 동료와 차를 마시며 이야기하기, 독서, 쇼핑, 음악 감상, 산책, 낮잠 등 다양한 방법으로 각자의 지치고 힘든 삶을 충전한다. 이러한 잠깐의 휴식은 하루의 생활과 업무에서 매우 중요한 역할을 한다. 업무 진행의 균형을 맞춰 주고 스트레스를 해소하며 창의력을 키우고 자기계발을 함으로써 자신에 대한 경쟁력도 높일 수 있다.

요즘은 예전처럼 오랜 시간 책상에 앉아 머리를 싸매고 일에 매진하는 시대가 아니라 순간의 아이디어와 집중력 있는 업무로 높은 성과를 나타내는 것이 경쟁력 있는 시대가 된 것이다.

우리 인생에도 자동차처럼 가속 페달과 브레이크 페달이 있어야 한다. 멈추지 않고 달리기만 하면 사고가 날 수 있다. 따라서 속도를 내야 할 때는 가속 페달을 밟고 속도를 줄이거나 멈춰야 할 때는 브레이크 페달을 밟아야 한다. 우리의 인생도 두 페달을 얼마나 잘 활용하는가에 따라 달라질 수 있다. 가속 페달을 밟아야 할 때 밟지 못하면 멈춰서 나가지 못한다. 또한 브레이크 페달을 밟아야 할 때 밟지 못하면 과속으로 뒤집힌다.

최근 연구 결과에 의하면 휴가를 적게 사용하는 사람은 많이 사용하는 사람들에 비해 심장 발작 확률이 두 배 많았고 휴가를 더 많이 보낼수록 우울증에 걸릴 확률이 크게 감소하였으며 휴가의 적절한 활용이 다음 해 더 높은 성과로 나타난다고 한다.

• 마음에 휴식을 주는 실천 수칙

정보화 시대를 넘어 4차 산업혁명 시대의 도래로, 우리의 생활과 관련된 직·간접적인 환경에 더 큰 영향을 미쳐 복잡하게 변화하고 다양한 업종에서 앞으로 예측이 불가능할 정도로 변화하고 있다. 이러한 변화에 맞서기 위해 조직의 구성원이나 나 자신이 새롭고 혁신적인 생각과 잠재성이 풍부한 가치를 창출하는 것이 무엇보다 중요하며 미래의 변화에 경쟁력을 갖추고 대응하기 위해선 휴식을 어떻게 하고 있는지가 중요한 역할을 할 것으로 본다.

일상생활에서 느끼는 작지만 확실한 행복 '소확행'이 사람마다 다른 것처럼 휴식도 사람마다 취하는 방법이 다르며 휴식으로 인해 느끼는 피로회복이라든지 행복도 다를 것이다. 바쁜 일상 속에 잠깐의 쉼표를 그려 보고 자신의 목표를 위해 가장 편안하고 행복하게 스스로를 충전하는 시간을 찾아 보냈으면 한다. 아래와 같은 마음에 휴식을 주는 실천 수칙을 읽어 보고 가능한 것은 실천해 보자.

1) 하루에 한 번 이상 자신을 칭찬한다.

상대방을 칭찬하는 것이 대인관계에서 얼마나 중요한지 앞에서 이미 이야기했다. 마찬가지로 자기 자신을 칭찬하는 것도 매우 중요하다. 칭찬하는 순간에는 잠시 긴장이 풀리며 긍정적 에너지가 솟아난다. 매일 아침 세수를 하면서 거울에 비친 자기 모습을 보고 칭찬을 해 보자.

'지금 잘하고 있어, 아자 아자 파이팅!'

이런 자신을 칭찬하는 것 또한 습관으로 만들어야 한다. 거울은 스스로 웃지 않으며, 거울을 웃게 하려면 내가 먼저 웃어야 한다.

2) 취미를 갖는다.

몰입할 수 있는 그 무언가가 있는 사람들은 없는 사람들보다 더 인생의 다양한 즐거움을 맛볼 수 있다. 일상생활이 바쁘면 외로움을 느낄 틈도 없겠지만, 아이들이 성장하여 부모 곁을 떠난 후 부부가 단둘이 남게 되면 함께 즐길 수 있는 취미가 필요해진다.

예를 들어 주부의 경우, 아이들 키우느라 정신 없이 살 때는 외로움을 느끼지 못했지만 아이들이 다 성장하여 각자의 일터로 떠나 버리고 부부 단둘이 남았을 때는 남편이 밖으로만 나돈다거나 주위에 함께 어울릴 사람이 없으면 우울증에 걸릴 위험이 높다.

바쁜 일이 없어지면 그동안 바빠서 하고 싶어도 할 수 없었던 취미 활동을 찾아 알찬 시간을 보내야 배우자나 자식만 바라보면서 한숨짓는 일이 없어진다. 주위를 조금만 둘러보면 시청이나 주민자치센터, 평생교육관에서 운영하는 취미 활동을 할 수 있다.

3) 잘 쉬는 연습이 필요하다.

자신에게 맞는 휴식 방법을 찾아본다. 작가 사토 도미오 씨는 그의 저서『잘 노는 사람이 성공한다』에서 **'성공하고 나서 노는 것이 아니라 놀기 때문에 성공한다.'**라며 적절한 휴식을 강조하고 있다.

어떤 문제를 인식하고 그에 대한 좋은 아이디어를 제시하려면 우선 뇌가 활성화되어야 하며, 뇌를 활성화시키는 방법은 즐겁게 노는 것이라는 이야기이다. 놀이를 통해 몸과 마음의 긴장이 모두 풀리면 뇌는 자연스럽게 이완되고 뇌가 활성화되면 평소에는 생각하지 못했던 훌륭한 해결책을 찾을 수 있다. 회의실에 앉아서 머리만 싸매고 있으면 아무리 시간이 지나도 좋은 방법이 떠오르지 않는다.

우리가 일에 대해 까맣게 잊고 있는 동안에도 뇌는 쉬지 않고 문제 해결의 실마리를 찾는다. 뇌의 구조상 일단 그 문제를 반드시 해결해야 한다는 의식이 주입되기만 하면 특별히 그 문제에 대해 고민하지 않더라도 스스로 해답을 찾아내기 때문이다.

일에 짓눌려 제대로 쉬지 못해서, 스트레스 호르몬 중에 하나인 노르아드레날린이 일정량 이상 분비되면 활성산소가 만들어진다. 활성산소는 일종의 미사일과 같은 것으로, 세포막을 파괴하고 세포 속에 있는 DNA를 손상시켜 몸에 해를 끼친다. 이와 반대로 늘 웃으면서 즐겁게 생활하면 베타 엔도르핀을 비롯한 행복호르몬이 왕성하게 분비된다. 그리고 그 약리작용에 의해 면역력이 높아져 심신의 건강도 훨씬 좋아진다.

4) 결과뿐 아니라 과정에서도 의미를 발견할 줄 알아야 한다.

하나하나의 과정이 **'현재의 나'**, **'미래의 나'**가 되는 것이며, 과정이 좋으면 당연히 결과가 좋다. 비록 결과가 기대만큼 나오지 못했더라도 목표를 이루는 과정에서 행복했다면 그로써 충분히 가치가 있다.

5) 미래를 위해서만 달리면 내가 즐길 현재는 사라진다는 것을 기억하자.

현재를 즐길 줄 모르고 오직 미래에 누릴 행복만 생각하고 달린다면, 결코 행복한 삶이라고 말할 수 없을 것이다. 현재 주어진 이 시간을 보람 있고 즐겁게 산다면 미래는 당연히 행복한 삶이 보장된다.

6) 규칙적으로 충분히 잠을 잔다.

규칙적인 수면은 생활을 더욱 활기차게 한다. 수면이 강조되는 이유는 호르몬의 왕성한 활동으로 인해 낮 동안 깨진 신체 리듬을 정상적으로 되돌려놓는 역할을 하기 때문이다.

잠자는 시간은 낮 동안의 모든 정보가 통합·정리되는 시간이라고 한다. **'레미니슨스(Reminiscence)'**는 수면 중 꿈을 꾸고 있는 동안 기억이 정리·정돈되어 학습 효과가 더욱 높아지는 현상을 말한다. 꿈을 꿀 때 뇌의 상태는 알파파 상태가 되어 깨어 있을 때보다 뇌의 움직임이 더 활발해지기 때문에 이런 현상이 나타난다. 다시 말해 우리의 기억은 꿈을 꿀 때 더욱 생생해진다.

하루에 적어도 6시간 이상 수면을 취해야 정상적인 생활을 할 수 있다고 한다. 잠을 자는 동안 우리의 육체는 낮 동안 쌓인 피로를 풀고 뇌는 기억을 정착시킨다. 수면 중에 뇌는 깨어 있는 동안 오감으로 받아들인 정보를 기억해야 할 정보와 그렇지 않은 정보로 분류한다. 바로 이 작업을 하는 데 6시간 정도 소요되는 것이다.

기억을 정리하고 나누는 작업은 하루에 네 번 약 90분 간격으로 나타나는 '램 수면' 상태에서 이루어진다. 그래서 6시간(90분×4=360분)이 필요하다는 것이다. '램 수면'은 쉽게 말해 '꿈을 꾸는 상태'를 말한다.

• 뇌를 쉬게 하기 위해 중요한 습관, 메모

기억은 오감을 통해 뇌에 전달된다. 뇌는 기억의 저장과 상기의 중요한 역할을 담당하는 '해마'라는 기관이 양쪽 귀 안쪽에 자리 잡고 있다. 일단 들어온 정보는 일시 저장되었다가 우리가 잠을 자는 동안 필요한 기억과 불필요한 기억으로 나누어지는데 이 분별 작업이 바로 해마에서 이루어진다.

꿈은 일시적으로 해마라는 비디오에 녹화된 영상을 재생해서 필요한 정보와 필요하지 않은 정보를 검토하는 작업이다. 필요한 정보는 대뇌신피질로 보내지고 거기서 데이터베이스로 저장된다. 그러나 필요하지 않은 정보는 해마에서 데이터 자체가 삭제된다.

해마가 모든 정보를 일시적으로 저장할 수 있는 시간은 약 24시간으로 시간이 흐르면서 낡은 데이터는 새로운 데이터로 점점 덮인다.

인간의 생리 메커니즘에 비추어 볼 때 기억은 시간의 경과와 함께 점점 흐려지고 결국에는 사라진다. 기억의 약 50%는 1시간 이내에 사라지는 것이다. 24시간이 지나면 기억의 약 30~40%, 48시간이 지나면 20~30%밖에 남지 않는다. 48시간이 지나도 머릿속에 남아 있는 기억만이 장기기억이 될 자격이 있는 것이다. 이런 현상을 '에빙하우스의 망각곡선'이라 부른다.

그러므로 중요한 것을 기억하기 위하여 매 순간 메모하는 습관은 매우 중요하다. 요즘처럼 스마트한 시대에서는 메모장을 직접 가지고 다니지 않아도 핸드폰에 있는 메모장이나 노트 등의 어플을 잘 활용하면 어렵지 않게 필요한 정보를 저장할 수 있다.

나도 핸드폰에 있는 메모장을 이용하여 책을 읽으면서 기억하고 싶은 내용이 있으면 음성으로 녹음했다가 메일로 전송하여 자료로 보관하며, 이렇게 해서 모아진 자료들이 책을 집필하는 데 매우 유용하게 사용되었다. 이뿐만 아니라 캘린더 어플을 이용하여 매일매일 일정 관리가 가능해, 업무나 약속 등 중요한 일정을 잊어버리는 경우가 거의 없어졌다.

복잡하고 다양한 시대를 살아가기 위해서는 이렇게 스마트 기기를 잘 활용하여, 우리의 뇌를 좀 더 생산적인 일을 하는 데 사용하거나, 충분한 휴식을 통하여 일을 능률적으로 처리하도록 만들어야 한다.

*"휴식은 곧 회복이다. 짧은 시간의 휴식일지라도 회복시키는 힘은 상상 이상으로 큰 것이니 단 5분 동안이라도 휴식으로 피로를 풀어야 한다."*_데일 카네기

부족한 제 책을 끝까지 읽어 주심에 감사드리며, 이 책이 여러분들의 인생에 도움이 되길 바랍니다.

성공으로 가는 올바른 방향과 그 방법을 찾는 가장 빠른 길은 성공한 사람의 뒤를 따라서 가는 것이다. 좋은 사람을 가까이하고 그들에게서 배우려고 노력할 때 성공할 가능성이 높아진다. 다시 말해 '**청출어람(靑出於藍)**'을 실천하는 것이다. 스승을 능가한다는 뜻인 청출어람은 스승을 본받고 따라 하는 것으로부터 시작한다. 스승의 장점에 나의 장점을 결합하면 청출어람이 될 수밖에 없다.

톨스토이는 "**선생님, 어떻게 하면 저의 인생이 바뀔 수 있을까요?**"라고 묻는 사람에게 "**좋은 사람을 만나세요. 그러면 당신의 인생이 바뀌게 될 것입니다. 그렇지 않으면 좋은 책 한 권을 만나십시오. 그러면 역시 당신의 인생이 바뀌게 될 것입니다.**"라고 대답했다.

책은 우리가 미처 경험해 보지 못한 다양한 것들을 간접 경험을 통해서 알 수 있게 해 주며, 성공이나 실패담을 통해서 성공의 지름길로 인도해 줄 뿐만 아니라 실패를 피할 수 있도록 등대가 되어 준다.

삶에서 가장 중요한 것은 꿈을 갖는 것, 그리고 그것을 이루기 위한 열정으로 세상에서 성공하는 사람은 똑똑하거나 강한 사람이 아니라 열정적인 사람이다. 계속해서 목표를 정하고 결코 포기하지 않으며, 목표를 하나하나 달성해 가면서 하루하루 행복을 느끼며 사는 것이 행복한 성공이다.

그동안 살아오면서 여러 가지 목표를 정해서 열심히 뛰었고, 목표가 하나하나 달성될 때 느끼는 희열이 지금의 나를 만들었다. 그리고 그 꿈과 열정이 식지 않도록 '**Motivator**(동기부여 전문가)'라는 꿈과 행복을 전하는 '**행복 전도사**'를 꿈꾸고 있다.

혹시 책에서 언급한 내용 중 모순점이 있다면 제 부족한 지식과 편협한 생각으로 여기시고 너그럽게 용서해 주시기 바라며, 추천의 글로 힘을 실어 주신 모든 분과 이 책을 출간할 수 있도록 인도하신 하나님께 모든 영광을 올려드립니다.

참고 문헌

- 가시미 이치로, 『미움 받을 용기』, 인플루엔셜, 2014
- 공지영, 『딸에게 주는 레시피』, 한겨레, 2015
- 김난도, 『아프니까 청춘이다』, 샘앤파커스, 2010
- 김미경, 『김미경의 드림 온』, 샘앤파커스, 2013
- 김수영, 『당신의 꿈은 무엇입니까』, 웅진지식하우스, 2012
- 김영식, 『10미터만 더 뛰어 봐』, 중앙북스, 2008
- 김이율, 『끝까지 하는 힘』, 판테온하우스, 2010
- 김재영, 『작은 성공 큰 행복』, 책과나무, 2016
- 김주환, 『회복탄력성』, 위즈덤하우스, 2011
- 김준성, 『기적의 멘토링』, 아람북스, 2019
- 김지영, 『행복한 성공』, 좋은책만들기, 2010
- 김태광, 『놀라운 자기 암시 성공 노트 38』, 블루미디어, 2008
- 나카이 아카요시, 『작심삼일씨 습관 바꾸다』, 비전과리더십, 2006
- 데보라 노빌 저, 김용남 역, 『감사의 힘』, 위즈덤하우스, 2008
- _____, 이상춘 역, 『삶을 바꾸는 감사의 습관』, 한문화, 2010
- 레이먼드 조, 『관계의 힘』, 한국관계신문, 2013
- 론다번 저, 김우열 역, 『시크릿』, 살림Biz, 2007
- 리사 랭킨, 『치유혁명』, 시공사, 2014

• 박승원,『희망의 말』, 무한, 2012

• 브라이언 트레이시,『12가지 성공 법칙』, 씨앗을뿌리는사람, 2008

• _____,『백만 불짜리 습관』, 용오름, 2005

• 브레드 존슨,『멘토링 황금법칙』, 찰스리들리, 2008

• 서은국,『행복의 기원』, 21세기북스, 2014

• 서청명,『꿈은 꾸는 것이 아니라 이루는 것이다』, 무한, 2013

• 세스고딘,『이카루스 이야기』, 한국경제신문, 2014

• 송경애,『나는 99번 긍정한다』, 위즈덤하우스, 2011

• 스샤오옌,『내 편이 아니더라도 적을 만들지 마라』, 다연출판사, 2012

• 스티븐 코비,『신뢰의 속도』, 김영사, 2009

• 신일철,『굿바이 핑계』, 21세기북스, 2009

• 에모토 마사루,『물은 답을 알고 있다』, 나무심는사람, 2002

• 에밀 쿠에,『자기 암시』, 화담, 2013

• 에카르트 몬 히르슈하우젠 저, 박규호 역,『행복은 혼자 오지 않는다』, 은
행나무, 2010

• 이대희,『인간관계의 힘』, 태인문화사, 2013

• 이민규,『생각을 바꾸면 세상이 달라진다』, 교육과학사, 2008

• _____,『실행이 답이다』, 더난출판, 2011

• _____,『행복도 선택이다』, 더난출판, 2012

• 이영권,『10대의 꿈이 평생을 결정한다』, 작은씨앗, 2012

• _____,『내 인생 최고의 멘토』, 아름다운사회, 2004

• _____,『시간은 선물』, 아름다운 사회, 2012

• 이의수,『지금 알고 있는 걸 서른에도 알았더라면』, 토네이도, 2013

- 이종선, 『성공이 행복인 줄 알았다』, 갤리온, 2012
- _____, 『행복이 성공인 줄 알았다』, 갤리온, 2012
- 이지선, 『지선아 사랑해』, 문학동네, 2010
- 이지성, 『꿈꾸는 다락방』, 주일미디어, 2007
- 이철환, 『어떻게 사람의 마음을 얻을 것인가』, 자음과모음, 2015
- 장정빈, 『하루를 일해도 사장처럼』, 올림, 2011
- 전성수, 『질문하는 공부법 하브루타』, 라이온북스, 2014
- 정경호, 『혼자서 강해지는 힘 셀프리더십』, 리텍콘텐츠, 2016
- 정호승, 『내 인생에 용기가 되어 준 한마디』, 비채, 2013
- 조서환, 『근성』, 샘앤파커스, 2014
- 조우성, 『내 얘기를 들어줄 단 한 사람이 있다면』, 리더스북, 2013
- 존 그레이, 『화성에서 온 남자, 금성에서 온 여자』, 동녘, 2008
- 차동엽, 『무지개 원리』, 국일미디어, 2012
- 찰스 두히그 저, 강주현 역, 『습관의 힘』, 갤리온, 2012
- 최효찬, 『안철수의 착한 성공』, 비전코리아, 2011
- 팡저우, 『44세를 위한 인생 승리의 공부법』, 황금부엉이, 2008
- 프랑수아 를로르, 『꾸뻬씨의 행복여행』, 오래된미래, 2011
- 하세가와 에이스케 저, 김하락 역, 『일하지 않는 개미』, 서울문화사, 2011
- 하우석, 『내 인생 5년 후』, 다온북스, 2012
- 헬렌 켈러, 『사흘만 볼 수 있다면』, 산해, 2005
- 혜민스님, 『멈추면 비로소 보이는 것들』, 샘앤파커스, 2012
- 히로나카헤이스케, 『학문의 즐거움』, 김영사, 1992
- 힐 나폴레온, 『나폴레온 힐 성공의 법칙』, 중앙경제평론사, 2007